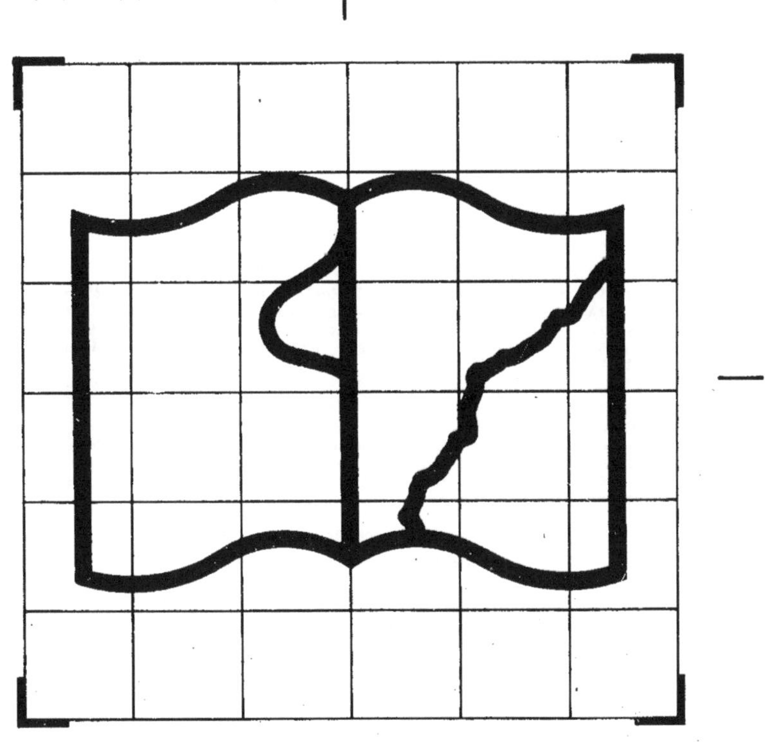

AF474359

UN PROJET D'ÉCOLES CANTONALES EN FRANCE

Par le Prof. F. GOUIN

Chef d'institution (École Franco-Alsacienne) — GENÈVE

PARIS

LIBRAIRIE SANDOZ & FISCHBACHER

G. FISCHBACHER, SUCCESSEUR

33, RUE DE SEINE, 33

1879

OUVRAGES DE L'AUTEUR :

Notice historique sur Alexandre de Humboldt (1859.)

La Vérité sur la Roumanie depuis la convention de 1858 jusqu'au coup d'Etat du prince Couza, 2 mai 1864.

Exposé d'une nouvelle Méthode pour apprendre les langues (manifeste pédagogique, 1re partie).

Histoire de la Messénie. Une annexion par droit de conquête dans l'antiquité, d'après Pausanias. (sous presse).

TRAVAUX AUTOGRAPHIÉS PAR L'AUTEUR.

(à 45 exemplaires pour les besoins d'une classe ordinaire.)

1. **Séries linguistiques.** Méthode pour étudier l'allemand, l'anglais, le français, le grec, le latin.

Phrases relatives. Reçueil et organisation de la partie subjective de ces langues.

2. **Séries littéraires.** Méthode pratique et expéditive pour traduire, lire et s'assimiler intuitivement les ouvrages classiques.

— **Transcription** des principaux classiques latins, en vue d'une prompte et facile assimilation (Phèdre, Cornelius Nepos, Quinte-Curce, Virgile, Horace, Ovide, Salluste, Tite-Live, etc.)

— **Transcription** des principaux classiques grecs (Hérodote, Plutarque, Xénophon, Homère, Sophocle, etc.)

3. **Méthode historique.** (Séries d'histoire ancienne et moderne en français et en allemand)

4. **Cahiers de Mathématiques** (Arithmétique, Algèbre, Géométrie). Méthodes perfectionnées.

5. **Nouvel essai de Cartographie** pour les écoles. — Le relief du sol. — Méthode pour un enseignement collectif de la Géographie.

UN PROJET

D'ÉCOLES CANTONALES

EN FRANCE

UN PROJET
D'ÉCOLES CANTONALES
EN FRANCE

Par le Prof. F. GOUIN

Chef d'institution (École Franco-Alsacienne) — GENÈVE

I. L'École cantonale. — Son organisation.

L'École cantonale et le Collége communal. — L'École nouvelle, l'État, les Municipalités. — Centralisation et décentralisation. — Collation des grades, inspection, concours. — Nomination des maîtres. — 3 maîtres pour 270 élèves. — Conseils scolaires. — La Réforme des Méthodes (langues et sciences, histoire, géographie...) — Apprentissage professionnel. — Budget d'une école cantonale. — Gratuité et Obligation.

II. Multiplication des écoles.

3000 écoles à fonder. — Associations libres, associations municipales. — Écoles privées. — Écoles primaires. — La liberté de l'Enseignement devant l'Absolutisme, le Radicalisme et le Libéralisme. — Écoles laïques, écoles cléricales. — Conflit scolaire. — Funeste doctrine du Radicalisme. — Un collége radical-libéral. — Clergé soumis au Droit commun. — Fin du dualisme scolaire. — L'Enseignement religieux.

III. Objections.

Deux cris d'alarme. — Sort fait à l'Église. — Unité nationale en péril. — Nos réponses.

IV. Conclusion.

Un appel à la pédagogie et aux Municipalités. — Une invincible Nécessité, le grand œuvre et la grande mission de l'école nouvelle.

APPENDICE.

1. Spécimen d'une leçon d'histoire. — 2. Sommaire de notre méthode linguistique.

PARIS

LIBRAIRIE SANDOZ & FISCHBACHER

G. FISCHBACHER, SUCCESSEUR

33, RUE DE SEINE, 33

1879

GENÈVE. — IMPRIMERIE J. CAREY.

A M. Charles HIPPEAU

Ancien professeur de littérature à la Faculté de Caen,

Secrétaire du comité des travaux historiques et des Sociétés savantes

près le ministère de l'instruction publique.

Cher et vénéré maître !

Voici, je crois, un fruit égaré de ces bonnes leçons que vous nous donniez jadis dans notre vieille académie normande. Si modeste qu'il soit et si tardif, permettez-moi de vous l'offrir.

Nul n'a approfondi comme vous la grande question de l'Ecole. Pour la résoudre, vous avez parcouru le monde, et après avoir étudié sur place les institutions scolaires de tous les peuples, vous avez consigné dans des mémoires devenus célèbres toutes les données ou plutôt toutes les solutions actuelles du problème de l'enseignement.

Puisse votre disciple être au moins resté fidèle à ces larges et féconds principes par lesquels, durant près d'un demi-siècle, vous et votre ami, le tant regretté M. Charma, nobles cœurs et puissants esprits, n'avez cessé d'élever le niveau intellectuel et moral de la jeunesse de Normandie.

Avec affection

F. GOUIN.

Genève, le 20 Mars 1879

AVIS AU LECTEUR

Une réforme de l'Ecole ne peut être sérieuse et féconde qu'à la condition de s'appuyer sur une autre réforme : celle de l'enseignement proprement dit. La première est la conséquence et comme le couronnement de la seconde. Une action, une entreprise purement politique serait totalement impuissante à résoudre la grande question scolaire.

Donc le mémoire que nous offrons au public suppose un travail préalable sur une réforme des méthodes et de l'art pédagogiques.

Notre *Projet d'Ecoles cantonales* ne représente en effet qu'un chapitre spécial de cette réforme elle-même : il en est pour ainsi dire le corollaire ou la conclusion. De là des renvois fréquents au corps du système désigné sous les noms divers de — *Manifeste pédagogique sur une réforme d l'enseignement*, 1re *partie*. — *Nouvel essai d'une Méthode linguistique*. — *Exposé d'une nouvelle Méthode pour apprendre les langues*. — *Les langues par les sciences, les sciences par les langues*...

La conclusion a dû être mise la première sous presse, afin que la solution qu'elle renferme parût avant les événements qui l'appellent et précédât les résolutions de nos législateurs.

Du reste, l'École cantonale forme par elle-même un tout complet et bien déterminé, lequel, dans notre pensée, peut et doit faire l'objet d'une étude à part et d'un traité spécial.

Quant à l'exposé des Méthodes, il s'imprime à cette heure et va paraître incessamment.

SOMMAIRE

CHAPITRE I

L'Ecole cantonale et le Collège communal.

CHAPITRE II

L'Ecole nouvelle. — L'Etat. — Les Municipalités.

CHAPITRE III

Choix et nomination des maîtres.

CHAPITRE IV

La Réforme des méthodes.

CHAPITRE V

L'apprentissage professionnel.

CHAPITRE VI

Le budget scolaire.

CHAPITRE VII

Gratuité et Obligation.

CHAPITRE VIII

Multiplication des écoles cantonales.

CHAPITRE IX

Les Objections.

CHAPITRE X

Conclusion.

CHAPITRE I

L'ÉCOLE CANTONALE ET LE COLLÉGE COMMUNAL

---

§ 1.

Nécessité de l'École cantonale. — Sa possibilité. — Son droit.

En 1866 une bonne fortune me fit faire à Strasbourg la connaissance de Jean Macé, l'auteur de *la bouchée de pain.* Dès la deuxième phrase nous parlâmes école : il me remit un bulletin de *la ligue de l'enseignement* qu'il était en train de créer ; je lui présentai des lambeaux d'une méthode que je destinais aux *futures écoles cantonales.*

Nous nous comprîmes, et cela nous surprit l'un et l'autre : car c'était la première fois que chacun de nous voyait son idée réellement prise au sérieux : et cela dut ajouter à notre courage ; car quand une conception naît identique dans deux esprits qui travaillent, elle a plus d'une chance de n'être pas tout-à-fait une chimère.

* * *

Nous nous séparâmes, lui pour agir et lutter au grand jour, remuer le sol, ouvrir le premier sillon : — son ami pour besogner obscurément comme il l'a toujours fait, et préparer à tout hasard quelques poignées de semence.

A tout hasard, car c'était l'empire alors, régime attentif à ne laisser germer aucune semence de liberté.

Depuis ce temps-là l'utopie a fait son chemin. Après la catastrophe de 1870, elle s'est introduite dans toutes les fissures sociales ; elle s'est faite idée générale, et aujourd'hui elle est dans l'air où chacun la respire.

Trois choses lui manquent encore pour devenir une réalité : une organisation, des méthodes et un baptême qui consacre le nom que nous proposons :

ÉCOLE CANTONALE.

L'organisation et les méthodes seront l'objet de ce mémoire ; les municipalités cantonales pourront célébrer le baptême.

* * *

Natif d'un village et d'un canton qui n'eurent jamais que des écoles primaires ; obligé, pour devenir intellectuellement l'égal des enfants privilégiés des grandes villes, de prélever mon éducation sur les privations de parents sans fortune, et de m'*encaserner* de longues années dans l'internat d'un collége, il est naturel que j'aie souvent ramené ma pensée vers cet état forcé des choses, et que j'aie quelquefois rêvé aux moyens de corriger ce que dans mon for intérieur j'appelle une *iniquité sociale*.

Le village en effet acquitte comme la ville l'impôt de la science. Pourquoi la véritable école n'est-elle octroyée qu'aux grandes villes ?

Je connais les difficultés qu'on va m'opposer : je les juge aujourd'hui plus spécieuses que réelles, et si je voulais remonter à la vraie source de l'inégalité des villes et des campagnes, au point de vue de l'instruction, il me serait facile de démontrer que cette inégalité n'est pas fortuite, mais voulue, mais réfléchie, mais systématique. Elle est en effet l'œuvre du premier empire. La constitution de 1791 avait décrété l'école à peu près comme nous allons la définir.

* * *

A ceux qui souriraient en articulant d'un air satisfait le mot impossibilité, nous montrons la Suisse, la Belgique, la Hollande, la Suède, la Norwége, l'Allemagne avant 1870, c'est-à-dire tous les pays où les municipalités ont su maintenir et défendre contre l'Etat leurs justes prérogatives.

Dans ces contrées le moindre district a son école complète, une école qui ne relève que d'elle-même et de l'association des communes qui l'ont fondée et qui la soutiennent.

Pourquoi la France ne pourrait-elle réaliser chez elle une institution partout florissante chez ses voisins ?

La dernière subdivision politique de la France est la commune. Quelques communes groupées ensemble forment le canton : circonscription qui répond au district des pays limitrophes.

En France la commune est tout ; le canton n'a guère qu'un privilége : celui des foires et des marchés. — Nous demandons qu'on lui donne l'école supérieure, et que cette école, pour laquelle on semble en quête d'un nom s'appelle *l'Ecole cantonale.*

* * *

Partout où il y a besoin, il y a demande, et sitôt qu'il y a demande l'offre se produit ; et c'est la demande qui détermine la nature de l'offre. Pour juger l'offre, il faut connaître la demande. Donc avant d'organiser l'école, il faut étudier le besoin général auquel elle est appelée à satisfaire.

Ce besoin est né d'hier : c'est à peine si la société en a conscience et déjà il parle en maître. La nécessité ou la logique de l'histoire l'a engendré : il en a le caractère impérieux et irrésistible. Aujourd'hui il se produit sous la forme d'une réaction, demain il s'imposera avec l'autorité d'un droit positif.

Quelle est au fond la nature intime de ce besoin ?

Pendant 50 ans Charlemagne étreignit dans ses bras de fer trois empires et vingt royaumes ; mais lorsque le temps eut usé ses énergies, la nature violentée revendiqua ses droits, les cercles de l'empire unique sautèrent, et il s'ensuivit le démembrement général que l'on sait. A une vaste synthèse succédait une profonde analyse.

Cette évolution est l'effet d'une loi de la nature : vouloir l'empêcher, c'est lutter contre la nécessité, c'est défendre aux éléments de la fleur de sortir du bourgeon, c'est dénier à l'arbre le droit de s'épanouir à l'époque voulue. Cette énergie de la nature est plus forte que vous et moi : nous pouvons peut-être la diriger, nous ne pouvons pas la supprimer.

Qui peut le contester? Notre époque est un âge analytique. Ne nous laissons pas prendre aux apparences. Les grands emempires qui tendent à supprimer l'individu s'appuient sur des pieds d'argile, et leur fin est d'autant plus proche qu'ils se croient plus près de leur idéal. Quand la balle a frappé le but, elle s'amortit et tombe à terre. Pour gouverner des peuples colosses, il faut les écraser de chaînes ; mais la souffrance réveille soudain la vie ; les chaînes sont brisées, et la liberté revendique ses droits imprescriptibles.

Marche, marche ! disait Bossuet. Le despotisme est arrivé à son apogée ; donc il a fait son temps ; donc il doit mourir. Marche, marche !

Et quel est l'héritier présomptif des despotismes modernes? Ce n'est pas, comme on le craint, l'individu sous la forme du socialisme. —

Qui alors?

Les municipalités, et ce sera justice... A quelle source puiseront-elles la force et la vie?

A l'école !

§ 2.

Le Collége communal. — Sa décadence. — Moyens de le relever.

Tout organe est fait pour agir, et toute force aspire à son effet. Un système pédagogique est à la fois un organe et une force. Quelle est l'action et quel est l'effet que vise particulièrement le système général exposé dans la première partie de notre manifeste (*nouvel essai d'une méthode linguiste*)?

Il vise le relèvement et la multiplication des colléges communaux. Nous avons dit ailleurs l'importance de ces petits centres intellectuels. Depuis longtemps négligés par l'État qui leur envoie le rebut de ses maîtres, délaissés par les familles un peu aisées qui leur préfèrent naturellement le lycée, ils courent le danger d'être abandonnés comme superflus par les municipalités elles-mêmes.

Cet abandon pouvait paraître avantageux à l'empire : il ne peut être que funeste à la république. Tandis que dans les pays voisins le moindre district s'évertue à se donner une école complète, nous sommes en train de laisser périr les nôtres.

* * *

Supprimons-les aujourd'hui et demain, n'en doutez pas, le vide sera comblé : car le collége communal répond à un besoin réel. Les congrégations religieuses attendent cette résolution suprême avec impatience. Quand on a pris place au haut de la pyramide, il est sage de s'en assurer les bases. Et soyez sûr que l'offre sera cette fois à la hauteur de la demande, et que l'école qui succèdera au collége vaudra le lycée. Car il faut bien l'avouer : il y a une puissante initiative chez la rivale de l'école officielle. C'est que l'une est libre de ses mouvements, l'autre est garrottée.

Que si l'Etat lui reprend demain les priviléges consentis et garantis hier, elle déploiera toutes ses phalanges dans la plaine ; et elle trouvera sur ce nouveau champ de bataille des avantages qu'elle n'avait pas, selon nous, sur les hauteurs.

* * *

Notre système est publié, publié pour tout le monde. S'il a quelque chose de bon, quelque chose de pratique, tenez pour certain que les congrégations s'en empareront.

Faut-il le dire ? Nos travaux ont été pillés à l'exposition universelle ; cela s'est fait sous nos yeux, et ce n'est pas l'école officielle qui s'est occupée de nous ; ce n'est pas elle qui a soustrait 12 ou 15 volumes lithographiés de nos méthodes linguistiques, historiques, etc.

* * *

Je le sais : nos ministres convaincus que le développement de l'esprit est le corrélatif du développement de la liberté, et que la science est la véritable assise du suffrage universel, nos ministres n'ont qu'une pensée : la multiplication et le perfectionnement de nos écoles. Tout ce qu'ils pourront faire dans ces deux sens, ils le feront : mais seuls que peuvent-ils réaliser ? Des décrets ne sont pas des réformes. C'est de l'école elle-même que doit partir l'effort. A quoi bon semer partout des bibliothèques, si l'on ne forme pas premièrement des lecteurs ?

Je le sais encore : nos municipalités frémissent à la pensée de voter la déchéance d'écoles trois et quatre fois séculaires, legs sacrés de leurs ancêtres, et d'apposer leur signature à cette résolution qui a l'air d'un sacrilége.

* * *

Nous sommes donc tous d'accord ; il faut sauver les colléges communaux. Et que faut-il pour les sauver ? Est-ce de l'argent ? — Non. Les subventions allouées par les villes aux écoles officielles sont plus que suffisantes pour les faire prospérer, si elles étaient dirigées comme il convient.

Ce qu'il faut, c'est une réforme, une réforme qui leur permette de faire aussi bien ou plutôt beaucoup mieux que le meilleur des lycées,

Et sur quoi portera cette réforme ? — Sur trois choses :

1° Sur ses rapports avec l'Etat et les municipalités.

2° Sur le choix de son personnel.

3° Sur les méthodes et le mode d'organisation des disciplines inscrites au programme.

CHAPITRE II

L'ÉCOLE NOUVELLE, L'ÉTAT, LES MUNICIPALITÉS

§ 1.

Véritable assise de la République. — Les deux devises de l'État. — Son antagonisme avec l'individu. — Sa définition.

Nous demandons pour l'école plus d'indépendance vis-à-vis de l'Etat et plus de dépendance vis-à-vis des municipalités. Cette demande, si elle est fondée en raison, un Etat républicain ne pourra la refuser. Les ministres au besoin se coaliseront avec les municipalités et réclameront le droit de se dessaisir en leur faveur de prérogatives que l'Etat n'aurait jamais dû leur ravir.

Si c'est le bien du pays, pourquoi ne le feraient-ils pas ?

* * *

La république doit s'appuyer sur autre chose que sur son nom : elle doit s'appuyer sur des institutions ; or, celle-là doit être une institution foncièrement républicaine, qui est toujours frappée la première par le despotisme.

La république aura quelque chose d'instable et d'éphémère aussi longtemps qu'elle ne reposera pas sur une base proportionnée à la grandeur de l'idée qu'elle représente, aussi longtemps qu'elle n'aura qu'une tête et point de corps.

Un être dont le cerveau fonctionne, mais dont les membres restent paralysés, ne peut être considéré comme sérieusement viable. Or, les membres naturels de l'Etat libre ce sont les libres municipalités.

Donc qu'elles vivent pour que la république vive !

* * *

Une bataille en règle est engagée depuis 89 entre l'Etat et l'individu. La lutte a commencé le jour où l'Etat s'est fait roi, et où la fière devise *l'Etat c'est moi* a été consacrée; elle est arrivée à sa crise aiguë le jour où l'Etat s'est fait peuple, et a proclamé la brutale maxime : *la force prime le droit.*

Ces deux formules sont deux sommations contre la liberté : en bon français elles veulent dire :

Obéis et sois devant nous comme un cadavre.

A la première la nature humaine a répondu par *la déclaration des droits de l'homme* ; à la seconde elle menace de répondre par le *socialisme.*

Le socialisme est la négation de l'Etat et de l'individu : c'est le désespoir d'une liberté qui n'aboutit jamais. La misère, l'oppression et la guerre l'engendrent également : la guerre surtout qui barbarise les peuples, les familiarise avec l'idée du meurtre et leur fait perdre le respect de la vie d'autrui.

L'Etat ne doit être ni peuple ni individu ; il doit être *les municipalités*, c'est-à-dire la résultante, le représentant de ces municipalités. C'est en elles qu'il est et qu'il vit ; c'est en elles et pour elles qu'il doit se mouvoir.

Il n'est pas fait pour lui, il est fait pour elles. L'Etat qui repose sur autre chose n'est pas un Etat, c'est le despotisme, c'est une tyrannie. Son avenir est la honteuse déchéance qui attend tout ce qui est égoïsme.

L'Etat est une force publique abstraite de la volonté générale d'une nation et destinée à maintenir en équilibre (status) les forces diverses de cette nation. En lui-même l'Etat n'est rien. Il est fait pour la nation comme le lien est fait pour la gerbe ; mais il n'est pas plus la nation que le lien n'est la gerbe. Distrait des forces nationales l'Etat n'est qu'une vaine abstraction, comme le lien séparé de la gerbe n'est qu'une folle poignée de paille, comme la hart détachée du fagot n'est qu'un vil morceau de bois.

§ 2.

L'école est une propriété municipale. — Suites funestes de l'ingérence de l'État. — Ecoles mécaniques de l'absolutisme.

L'école n'est point la propriété de l'Etat ; elle appartient exclusivement à l'association municipale qui l'a votée, qui l'a fondée, et qui l'entretient. J'aimerais voir comment Genève, Lausanne, Porrentruy, Locle, Chaux-de-Fonds accueilleraient un décret du gouvernement central de Berne s'adjugeant la direction et l'administration de leurs colléges.

S'il y a des individus tarés, il y a aussi des héritages tarés. Que l'Etat républicain ait le courage de condamner une usurpation du premier empire, et de renoncer aux priviléges mal acquis qu'il lui a légués. Rendons à César ce qui appartient à César ; mais que César restitue au peuple ce qu'il a pris au peuple.

Le despotisme n'est pas moins friand des libertés de l'école que des libertés municipales ; aussi quand il confisque celles-ci il n'oublie jamais celles-là.

La protection intéressée de l'Etat, voilà le germe de mort qui a fait dépérir si vite l'ancien collége gaulois. Nos municipalités sont des propriétaires condamnés à payer des travailleurs qu'on leur impose, bons ou mauvais, sans les consulter. Dans ces conditions, le collége cesse d'être un organe municipal pour devenir une machine purement gouvernementale.

La municipalité se désaffectionne alors d'un bien dont la gestion même lui est interdite. Si elle y tient encore, c'est comme on tient à un souvenir, ou à un titre suranné.

* * *

Nous voudrions que le collége communal retournât à la municipalité qui n'a jamais démérité envers lui ; nous voudrions qu'il fût régi par elle en toute souveraineté, afin qu'elle s'intéressât à lui comme à un bien propre, et s'y attachât comme à la meilleure partie d'elle-même.

Nous voudrions qu'elle fût obligée de délibérer à son sujet et sur autre chose que sur son budget, et qu'elle présidât au choix des maîtres comme cela se pratique dans tous les pays où ces écoles prospèrent.

En un mot nous voudrions que le collége redevint une institution réellement organique, subissant directement l'action du milieu où elle fonctionne, et réagissant à son tour sur lui.

En Suisse, comme en Belgique, comme en Allemagne, les écoles municipales les plus florissantes sont celles qui n'ont rien à faire avec les gouvernements.

L'école de Genève nous paraît avoir baissé considérablement depuis que l'Etat la régit directement. Aussi est-ce au nom de la liberté de l'enseignement que le peuple genevois réveillé en sursaut vient d'asséner trois coups de massue au régime radical autoritaire, variété nouvelle de despotisme qu'on peut appeler le gouvernement-école.

La Chambre étant composée presque exclusivement de régents, on peut facilement imaginer, d'une part le sort qui a été fait à l'enseignement libre, d'une autre part le laisser aller d'une industrie officielle désormais sans rivale.

* * *

Qui a remporté les prix à l'exposition universelle ? Les écoles exclusivement municipales.

Chose à noter : l'école officielle française se drapant dans son excellence a jugé au-dessous d'elle de descendre dans l'arène pour s'y mesurer avec d'obscurs lutteurs.

C'est que si elle a la force d'un mouvement mécanique, elle n'a ni le ressort ni l'initiative d'un être organique.

Au fond personne n'est responsable dans la hiérarchie universitaire, vu que le moindre mouvement doit partir du ministère et s'exécuter automatiquement. Le ministre n'est pas plus responsable que le reste. Qui peut songer à lui demander compte du jeu d'une machine qu'il n'a pas faite ?

Pourquoi oublie-t-on que le mécanisme de l'Université a été inventé par l'empire et pour l'empire? Et comment ne voit-on pas qu'un système fabriqué tout exprès pour servir le despotisme ne peut absolument convenir à un régime de liberté ?

On s'étonne que nos Facultés s'obstinent à rester stériles ; mais elles ont été créées pour produire tout autre chose que des idéologues. L'arbre enté d'un pommier ne saurait donner des pêches. Tant que la Faculté puisera ses inspirations à je ne sais quel ministère de Versailles, elle demeurera inféconde par cela qu'elle est inutile. L'une ressemble à l'autre, et par suite une seule suffit pour la France entière.

Ajoutons que n'ayant plus de racines dans la province qu'elle vivifiait jadis, *l'ancienne Académie*, lui est devenue aussi étrangère qu'indifférente. Elle-même s'y trouve mal à l'aise, et chaque professeur n'aspire qu'à reprendre son vol vers Paris.

Cette plate unité,si goûtée de Bonaparte son inventeur, a été renforcée encore par les réglementations ineptes du second empire, et la République qui ne doit pas avoir de rancunes, mais qui pourrait avoir plus de mémoire, a adopté ces abstractions des ennemis de la liberté comme des institutions d'origine divine auxquelles personne n'a le droit de toucher.

§ 3.

Principes opposés de l'absolutisme et de la république. — Centralisation et décentralisation.

Si l'on veut une république durable, il faut évidemment l'établir sur une autre chose que sur les traditions de l'empire.

L'empire, comme la monarchie absolue, pose en principe qu'il ne peut y avoir qu'une raison, celle du souverain, et partant que lui seul a le droit d'être libre. La république part d'un principe diamétralement opposé. A ses yeux l'individu, roi ou sujet, est essentiellement faillible, et la raison est un fruit de l'association. Partant la nation est libre, et c'est au chef de l'Etat à obéir : il dépend de tout le monde.

Dans le premier système tout est rapporté à l'Etat ; la nation est concentrée en lui ; elle lui abandonne toutes ses énergies en le chargeant de les exercer à sa place. Ce système a reçu le nom de *centralisation*. Sous ce régime la nation vit et agit par procuration : elle ressemble à ces boïards de l'Orient, qui se déchargent sur des courtiers israëlites du soin de leurs affaires, Le courtier s'engage à faire affluer l'or chez son client pour satisfaire aux besoins de tous les jours ; l'Etat s'engage à faire circuler chez ses commettants la force et la vie qu'il tient en dépôt. Pour faire face à ses engagements, le courtier attaque sans scrupule le capital ; l'Etat ne respecte pas davantage le trésor qui lui a été confié. Heureux quand il ne s'en déclare pas le possesseur légitime.

Dans le second système tout est rapporté à la nation ; elle vit et agit par elle-même et non par procuration ; elle reprend à l'Etat des énergies empruntées ou usurpées par lui, afin de les exercer elle-même ; elle exécute l'évolution connue sous le nom de *décentralisation*.

* * *

Dans le premier cas, c'est la cime de l'arbre qui secrète la sève destinée à nourrir toutes ses parties ; dans le second, cette fonction est confiée aux racines.

Excitée par la lumière la sève ascendante parvient toujours aux extrémités supérieures ; la sève descendante s'attarde volontiers en chemin, et néglige d'ordinaire les parties infimes de la plante.

La *décentralisation*, voilà la première évolution que doit accomplir un peuple qui vient de reconquérir sa liberté, et qui est fermement résolu à ne plus l'aliéner.

Cette évolution, l'*école* républicaine doit l'exécuter comme tout ce qui est énergie nationale, ou plutôt c'est elle qui doit ouvrir la marche. Et ce mouvement doit s'opérer dans les limites des municipalités, sous leurs auspices et sous leur bannière.

* * *

Est-ce à dire que l'Etat doive renoncer à toute action sur l'école, et que l'école puisse proclamer son indépendance absolue vis-à-vis de l'Etat? Non sans doute. Mais il n'est pas bon que l'un absorbe l'autre; il n'est pas bon que le but soit sacrifié au moyen. C'est l'Etat qui est fait pour l'école et non l'école pour l'Etat.

Il n'est pas digne de l'Etat de manipuler l'école comme il l'a fait sous l'empire, de publier comme en 1852 des décrets sur la forme et longueur de la barbe des membres de l'Université, de faire légiférer le sénat sur les moustaches et barbiches des professeurs, abolissant les unes tolérant les autres, de régler les dîners et soupers des colléges, d'en arrêter le menu, de tailler les tâches des élèves, de mesurer à l'aune les études et les récréations, de présider enfin à cette réglementation injurieuse pour le dévouement et l'intelligence du maître, et qui le discrédite aux yeux de l'élève, en faisant de sa personne un vain automate.

* * *

Aussi jamais le maître ne fut moins respecté de l'élève que depuis cet abus de la centralisation. L'unité est belle à condition qu'elle règne sur la variété et ne la supprime pas. C'est le propre du despote politique de vouloir qu'il soit midi partout, quand midi sonne au ministère.

Que l'Etat marque le but, aussi loin et aussi haut qu'il voudra, mais qu'il laisse au maître le choix du chemin. A tort ou à raison, nous autres maîtres d'école, nous sommes convaincus d'en savoir beaucoup plus long, en fait d'enseignement, qu'un secrétaire de ministère qui n'a jamais enseigné, qui rougirait peut-être de tenir une école, et qui véritablement n'a pas le temps de s'occuper de pédagogie.

N'est-il pas déplorable de se voir à la merci de pilotes qui n'ont aucune connaissance de la mer? Et cela existera aussi longtemps qu'existera le savant système de la centralisation.

* * *

§ 4.

La collation des grades. — L'inspection. — Les concours. — Expression générale des rapports entre l'école et l'État.

Il est une prérogative dont l'Etat n'a pas le droit de se dessaisir, parce qu'elle est un devoir de sa charge ; c'est le privilége de la *collation des grades*.

C'est par là que l'Etat peut vraiment dominer l'école sans porter atteinte à sa liberté ; domination pleinement légitime, en tant qu'elle est voulue par l'école elle-même.

En effet, le poids public est dans l'intérêt aussi bien du producteur honnête que du consommateur ; de même il importe à toute école sérieuse, qu'il y ait un tribunal reconnu, auquel elle puisse recourir pour faire consacrer les résultats obtenus par elle.

Cette consécration, elle ne saurait la demander, ni à une école rivale, ni à une municipalité émule de la sienne, mais au représentant général de toutes les municipalités. Elle ne peut en appeler qu'au jugement désintéressé de l'Etat.

Il n'appartient qu'à l'*Etat* de diplômer la science, comme il n'appartient qu'à lui de brèveter l'industrie.

Que si l'Etat tient lui-même école, il se trouve à la fois juge et partie ; l'équité exige dès-lors qu'il partage son privilége avec ses concurrents,

sua exempla quisque pati debet

Telle est la force de la logique, qu'on a vu de nos jours cette étrange conséquence se réaliser. Ce contre-bon-sens disparaîtra de lui-même, pour ne plus jamais se reproduire, le jour où, d'une part les municipalités rentreront dans leurs droits sur leurs écoles, d'une autre part les provinces recouvreront leurs universités.

* * *

Selon nous, l'Etat aurait encore un autre devoir à remplir vis-à-vis des écoles : c'est celui de l'inspection. Mais ce devoir ne devrait pas dégénérer en droit. L'inspection ne devrait pas plus être imposée à l'école que l'obtention d'un grade à l'individu. Elle devrait être sollicitée par elle comme une haute faveur, et en vue d'une constatation publique et solennelle de progrès réels accomplis dans son sein.

Cette intervention de l'Etat serait exclusivement dans les intérêts de l'école. Il s'introduirait chez elle non comme un espion redouté, mais comme un tuteur et un conseiller bienveillant. Elle l'accueillerait non avec la crainte de l'esclave, mais avec la confiance de l'homme libre qui croit avoir accompli plus que son devoir.

* * *

On verrait se produire, entre toutes les écoles et toutes les municipalités, une émulation merveilleuse et bien autrement féconde que celle des concours généraux, où celui-là remporte le prix, qui a su faire le calque le plus fidèle d'un procédé unique décrété par l'Etat.

Et chaque année, ou plutôt chaque trimestre, les inspecteurs auraient à présenter à leur ministre une riche moisson d'essais et d'efforts personnels bien différente de cette collection de chiffres et de notes banales qui ne représentent rien, qu'on aurait aussi bien tracés de Paris, qui ne profitent à personne, et que finalement un secrétaire jette au panier.

Depuis 80 ans que les inspecteurs fonctionnent, qu'on me cite une seule innovation réellement féconde sortie de leurs innombrables rapports.

* * *

J'ai parlé tout-à-l'heure des concours. Disons en passant notre opinion sur cette institution qui pourrait bien être sortie de la cervelle d'un inspecteur.

Le concours général tel qu'il est pratiqué en France est un *jeu d'enfants* qui prête à rire aux pédagogues un peu sérieux de tous les peuples étrangers. Considéré en lui-même c'est un système aussi inique que pernicieux : il tue le vainqueur par l'orgueil, il tue le vaincu par le désespoir.

C'est une des monstrueuses conséquences du système de la

centralisation. Par lui, un seul individu prime toute une génération, et de quel droit? Peut-être au nom d'une virgule,

On dira ce qu'on voudra, mais n'y eût-il que cette différence entre deux copies, la seconde est le travail d'un *vaincu*.

En couronnant un seul individu sur toute une génération, le concours est tout simplement l'occasion d'un *désastre moral*.

* * *

Si encore le vainqueur, comme c'est le cas dans le concours industriel, laissait après lui un procédé nouveau qui pût profiter aux vaincus, ceux-ci, sortant de l'arène plus forts qu'ils n'y étaient entrés, pourraient se consoler de leur défaite. Mais ici les écoles et les méthodes étant parfaitement identiques les maîtres étant sortis du même moule, le triomphe du lauréat sera moins cruel, mais tout aussi stérile que la gloire des champs de bataille.

Je ne parle pas des classes, où, par l'effet du même système, le professeur est conduit à son tour à sacrifier 50 élèves à un seul : le lauréat espéré.

La force prime le droit même à l'école!

Ce sont les municipalités qu'il faudrait couronner, et non les individus.

* * *

Il y aurait tout un traité à faire sur les vrais rapports de l'école et de l'Etat, et sur un système rationnel des examens scolaires. Nous devons nous borner ici à l'énoncé de vues générales.

Si l'enseignement devait s'engager dans des voies nouvelles, et s'il pouvait adopter le principe de la décentralisation, il est évident, que le mode des examens devrait être entièrement réformé.

* * *

Quoi qu'il arrive : *Collation des grades* et *inspection*, tels sont, vis-à-vis de l'enseignement, les attributs suprêmes, inaliénables, imprescriptibles de l'Etat, d'où découlent ensuite tous les rapports qui rattachent à lui l'école.

Un mot résume ces rapports en les caractérisant : l'Etat protège, conseille, seconde l'école :

il règne sur elle et ne la gouverne pas.

CHAPITRE III

CHOIX ET NOMINATION DES MAITRES

---

§ 1.

Difficultés du système actuel. — Insuffisance du budget. — Le chassez-croisez universitaire. — Incapacité ou instabilité du personnel enseignant.

La réforme, avons-nous dit, portera sur le choix du personnel enseignant.

Commençons par énumérer les difficultés contre lesquelles se heurte le système actuel.

La subvention d'une ville de cinq à six mille âmes ne peut raisonnablement dépasser 10,000 francs. Ajoutons-y le casuel. Dans les conditions défavorables où se trouve actuellement le collége communal, on ne peut pas compter sur un grand nombre d'élèves. Arrêtons-le à 100 où il arrive rarement, et fixons à 50 francs la rétribution annuelle

$$50 \times 100 = 5,000$$

15,000 fr. voilà le budget destiné à faire vivre le personnel du collége communal.

* * *

Avec les méthodes usuelles, combien faut-il de maîtres pour faire manœuvrer un collége de 100 élèves ? Composons ce personnel le plus modestement possible. Il faut :

Un maître pour la 8me.

Un maître pour la 7me.

Un maître pour la 6me et la 5me.

Un maître pour la 4me et la 3me.

Un maître pour la seconde et la rhétorique.

Un maître pour la philosophie et l'histoire.

Un maître pour les langues modernes.

Un maître pour les sciences physiques et mathématiques.

Un maître pour le dessin.

Un maître pour les cours spéciaux.

En tout 10 maîtres, sans compter le Principal et les surveillants.

De mon temps, on dédaignait, on méprisait les colléges qui ne pouvaient fournir qu'un maître pour deux classes. On avouait avec peine avoir fait toutes ses études dans un établissement de ce genre. Je n'ose croire que ce préjugé ait disparu, et partant notre chiffre 10, loin d'être exagéré, est évidemment insuffisant au regard de l'opinion publique.

* * *

Ainsi donc, 15000 fr. et 10 familles de professeurs à entretenir !

Que l'Etat ait une fois le courage de supprimer une monstrueuse iniquité sociale, l'*exemption du service militaire* pour l'école et pour l'Eglise, et certainement il sera impossible aux municipalités de recruter des régents pour leurs colléges.

Voilà une première difficulté : exiguité et insuffisance du budget.

* * *

En voici une seconde, corollaire forcé de la première.

Ni la municipalité ni le corps enseignant n'ont le droit de choisir le personnel. C'est le ministère et parfois l'Académie qui est le grand office de placement. La centralisation le veut ainsi. Quels savants cet office destinera-t-il aux colléges communaux ?

De nos jours, le travail doit et veut être rétribué, et partant la science, qui représente un labeur plus ou moins considérable.

Un ministre osera-t-il offrir à un élève de l'école normale supérieure une chaire de 1200 fr., dans une localité perdue, où il n'aura, pour continuer ses études, d'autres ressources que la bibliothèque de la cure ou celle de l'évêché ? Et si le ministère avait le courage de faire cet offre, son protégé aurait-il le courage de l'accepter ?

Donnons la parole aux faits :

* * *

Dans les lycées de province, une chaire élevée et par conséquent bien rétribuée est rarement occupée plus d'un an par le même professeur. Dès le lendemain de leur installation, mes collègues étaient pris du mal du pays, et conspiraient avec tous leurs protecteurs du Sénat et de la Chambre pour être appelés à d'autres fonctions.

Depuis lors, m'assure-t-on de toutes parts, le mal n'a fait qu'empirer, et le corps universitaire donne le spectacle d'un chassez-croisez en permanence.

Notons en passant que ce mouvement d'Encélade n'est pas précisément un symptôme de bien-être et de félicité.

Si donc la chaire et le traitement du lycée de province paraissent déjà trop légers à l'élève de l'école normale, le collége communal doit renoncer à l'honneur de voir jamais dans ses murs un maître sorti de cette illustre école.

* * *

Mais les facultés de province forment aussi des licenciés et des professeurs. Le recteur ne peut-il disposer de leurs personnes en faveur des petits colléges ?

Qu'entendez-vous par disposer d'une personne ? Ici, c'est plutôt le licencié qui dispose et le recteur qui propose.

Les postulants forment deux catégories distinctes : — les uns, plus positifs, sollicitent des places de maîtres d'étude dans quelque lycée, et se préparant à l'agrégation ou à l'école normale, tâchent d'échapper à une nomination humiliante à un collége communal. — Les autres, plus impatients, acceptent une haute chaire, celle de seconde ou de rhétorique, dans un collége de premier ordre. Mais ils mettent à leur acceptation la condition d'un avancement à bref délai, et ils emportent avec eux la promesse formelle que leur stage ne se prolongera pas au-delà de quelques trimestres.

Quel dévouement l'école peut-elle attendre de la part de fonctionnaires enrôlés dans ces conditions?

Arrivés aujourd'hui pour partir demain, comment et pourquoi s'attacheraient-ils à une chaire sans renom, sans écho et sans avenir, et à quelques enfants malingres de familles parfaitement obscures?

* * *

Voilà les maîtres et voilà le sort des classes supérieures.

Qui dirigera les classes inférieures, lesquelles, à notre avis, sont de beaucoup les plus difficiles et les plus importantes?

L'enseignement, dans nos colléges communaux, non-seulement n'a ni suite ni tradition, mais encore il n'a d'autre base, sauf de rares exceptions, que l'égoïsme et l'incapacité.

Le maître y voit pour lui une corvée quasi dégradante; l'élève y contracte le dégoût de l'étude et de la science.

Mauvais choix et instabilité du personnel enseignant, voilà donc une seconde difficulté.

Il y en a bien d'autres, toutes inhérentes au fatal système de la centralisation; mais ces deux suffisent pour démontrer que, quoi que décrète le ministère, le mal est incurable, si on ne consent pas à en supprimer la cause.

§ 2.

Le remède. — Restitution des colléges aux municipalités. — Création de nouvelles méthodes. — Trois maîtres pour 270 élèves. — Conseil scolaire. — Election et organisation dn corps enseignant.

Rendez aux municipalités un bien qui n'est pas vôtre et que vous gérez si mal. Gardez vos lycées, si les grandes villes y consentent; laissez aux habitants des petites villes le droit de conférer ensemble sur la grave question de l'instruction de leurs enfants ; laissez aux pères de famille le droit de s'associer, d'appeler au milieu d'eux des hommes de cœur et des esprits d'élite — la France en regorge — et de contracter directement avec ceux-ci pour le relèvement et la réhabilitation de leurs colléges.

Qu'il soit permis enfin aux Français de rallumer de leurs propres mains les foyers intellectuels de leurs pères, que l'indifférence ou l'impuissance d'un Etat centralisateur a laissés éteindre.

* * *

Changeons de méthodes : substituons l'ordre au désordre, le concret à l'abstrait, le rationnel à l'arbitraire. Enseignons les sciences par les langues et les langues par les sciences, nous ferons une économie de 7 à 8 maîtres et de 4 à 5 ans.

Nous l'avons démontré (*manifeste pédagogique*, 1re *partie*) : 3 hommes suffisent pour faire manœuvrer 9 classes de 30 sujets chacune, soit une école de 270 élèves : — 3 hommes de cœur s'entend et des esprits d'élite, des pédagogues accomplis, versés dans les sciences, versés dans les lettres, non de ces personnages fractionnaires pouvant ceci et pas cela, professant l'horreur des chiffres et courtisant les vers latins, connaissant l'histoire et point la géographie, discutant le droit et point la politique, habiles à lever un plan, incapables de juger une œuvre d'art.

Les maîtres comme nous les voulons sont rares, direz-vous ; pas autant qu'on pourrait le croire. Du reste en peu de temps une seule école bien menée en peuplera une province.

* * *

Que faut-il à nos trois hommes pour accomplir leur tâche ? — D'abord une *investiture*, non celle de l'Etat, mais celle de la municipalité qui les honore de sa confiance, — ensuite le *concours actif* de cette municipalité.

Il faut, dans l'intérêt de l'établissement, que les maîtres

soient en communication constante avec les autorités constituées.

Celles-ci nommeront à cet effet un Conseil ou une Commission scolaire ayant des devoirs, des attributions et des droits déterminés. Elle participera par exemple à la confection des programmes et des règlements ; présidera aux examens hebdomadaires, mensuels ou annuels au moins par un délégué ; assistera à son gré aux leçons et cours des professeurs, encourageant la jeunesse par sa présence, stimulant son ardeur par son intérêt à tous les exercices de l'école, ajoutant à l'autorité du maître le prestige de la faveur publique et d'une franche approbation.

En cas de vacance, la Commission scolaire se concertera avec les membres restants pour remplacer celui qui manque ; elle provoquera des inscriptions, agréera trois ou quatre candidats et les soumettra au choix des membres en activité.

Ou bien on adoptera le procédé inverse ; l'Ecole proposera et la Commission décidera.

* * *

De cette façon, non-seulement l'école se perpétuera par elle-même, mais elle aura une *tradition*, une tradition impérissable, car elle sera consignée à la fois dans les archives de l'école et dans celles de la Commission.

Chaque membre étant l'élu des deux autres, notre trinité pédagogique se trouvera dans les meilleures conditions pour former une unité parfaite, un tout homogène et harmonique ; et les trois forces diverses concourront à la même œuvre avec une entente et un accord capables à eux seuls de faire la fortune de l'établissement.

* * *

La fonction de doyen ou de directeur pourra être exercée à tour de rôle. Chaque régent aura d'ailleurs une spécialité marquée : l'un fera autorité dans les sciences, l'autre dans les lettres, le troisième dans les arts.

L'ensemble des rapports destinés à rattacher la municipalité à l'école d'une part, et à relier entre eux les membres actifs de cette école d'une autre part, fera l'objet d'un règlement spécial, lequel devra être élaboré en commun par les parties contractantes ou intéressées.

Qu'il nous suffise d'avoir indiqué, par le court aperçu qui précède, l'esprit dans lequel devra être conçu cet acte organique.

CHAPITRE IV

LA RÉFORME DES MÉTHODES

§ 1.

Programme général de l'école nouvelle. — Etudes classiques complètes (sciences et langues). — Trois nouvelles disciplines. — Medecine élémentaire. — Droit civil. — Apprentissage professionnel.

La réforme doit porter sur les méthodes et le mode d'organisation des disciplines inscrites au programme.

D'abord quel sera le programme de l'école nouvelle?

Nous ne nous reconnaissons pas le droit de retrancher une seule des disciplines portées au programme officiel. Déchargez les programmes, crient les habiles. Que ceux-là veuillent bien désigner eux-mêmes les connaissances superflues et indiquer les coupures à faire.

Ce qu'il faut supprimer, ce n'est pas la science, c'est la routine et les mauvais procédés. Où vos enfants apprendront-ils les sciences si ce n'est à l'école?

Nous croyons l'avoir démontré (1re *partie*) : ce que la routine ne peut réaliser en un jour, une méthode rationnelle l'exécute en une heure.

Ce n'est pas la charge qu'il faut diminuer, c'est la force qu'il faut décupler ; ce n'est pas le cheval vulgaire, c'est la vapeur qu'il faut atteler au train de wagons qui porte la fortune et la richesse modernes,

Notre devoir est d'ajouter, non de retrancher.

Langues anciennes et modernes, sciences physiques et naturelles, sciences exactes, histoire et géographie, sciences morales et littéraires, dessin et musique : voilà ce que porte le programme de l'école officielle; toutes ces disciplines figureront au nôtre et nous en ajouterons trois nouvelles.

* * *

Connais-toi toi-même, voilà le début de la science, a dit un sage. Or l'école actuelle entreprend de nous faire connaître tout excepté nous-mêmes. — On étudiera peut-être les organes des plantes, mais on se gardera comme d'un crime de parler des organes du corps humain; — on rendra l'élève attentif aux actions et réactions chimiques dans les minéraux, mais on évitera de lui révéler les mêmes phénomènes dans l'intérieur de l'animal : — on l'initiera au jeu varié des fonctions géométriques ou algébriques, mais la physiologie de l'être humain restera pour lui un livre fermé avec sept sceaux. — Sur dix hommes, neuf confondront le cœur avec l'estomac, la vessie avec les poumons, les veines avec les artères, et vivront sans avoir la moindre notion de la circulation du sang et des fonctions principales de la vie. On enseignera la psychologie, sans avoir même nommé le siége de la pensée.

Anatomie, physiologie, en un mot *éléments de la médécine*, voilà une nouvelle discipline que l'école nouvelle a le devoir d'inscrire à la suite des arts.

* * *

L'homme est enrôlé dans la société même avant de naître : l'homme est un être social. Il a des devoirs à remplir et des droits à exercer dans la société dont il fait partie. Mais pour exercer un droit avec équité ou convenance, il faut le connaître.

Après la médecine, inscrivons donc hardiment : *étude du droit civil.*

L'absence de cette discipline au programme officiel est plus qu'une lacune : elle y fait tache, et constitue un délit, un délit de l'Etat qui a organisé l'enseignement. L'oubli est évidemment volontaire. Le despote a eu ses raisons pour obliger le citoyen à contracter toute sa vie, sans qu'il lui soit permis de savoir au fond en quoi consiste un contrat.

L'homme n'est-il pas citoyen avant d'être humaniste, linguiste ou géomètre? Dans l'éducation, la qualité de citoyen ne doit-elle pas primer celle de savant? Ou bien la loi, qui est faite pour l'homme pris à tous les degrés de l'échelle sociale, serait-elle plus difficile à comprendre que les mystères de la religion et les considérations de la théologie, qu'on nous enseigne avant l'âge de raison?

Si chaque homme connaissait ses droits et ses devoirs, il n'y aurait place sur la terre ni pour le despotisme, ni pour la gloire militaire. L'homme serait libre et travaillerait en paix.

. . .

Comme dernière discipline qu'inscrirons-nous au programme ?

Pour être libre, l'homme doit travailler. Celui qui me nourrit est évidemment mon maître. Je dépends de lui, je ne suis pas libre. La liberté repose sur un contrat tacite. La nature a dit : *œil pour œil*; la justice et la raison disent : *service pour service*. L'homme s'affranchit par le travail : le travail est le prix de la liberté.

Mais toute œuvre utile suppose un apprentissage. L'homme est condamné à tout apprendre, et c'est cette nécessité qui fait sa grandeur.

Tu mangeras ton pain à la sueur de ton front.

Donc ajoutons au programme : *apprentissage des arts et métiers.*

. . .

Que notre école humaniste et scientifique soit en même temps une école *professionnelle* ; qu'elle forme et qu'elle produise, non des *moitiés* d'hommes, mais des hommes *complets*, des citoyens dressés pour le combat de la vie, c'est-à-dire armés de toutes pièces pour la liberté et vraiment dignes d'elle.

On a dit : la République sera modérée ou elle ne sera pas,

on peut ajouter : elle vivra, si on la fait reposer sur des hommes réellement indépendants.

La constitution de 1791, en abolissant les corporations et les maîtrises, avait promis à la nation de les remplacer par des écoles professionnelles; mais l'empire, en héritant de la République, prit ses biens et renia ses dettes. Au lieu d'écoles professionnelles, on créa des écoles militaires; au lieu de former des artisans et des citoyens libres, l'Etat forma des soldats.

Aujourd'hui les municipalités n'ont qu'une chose à faire : associer leurs efforts, pour relever une colonne *nationale* aussi, dont le despotisme s'est approprié jusqu'aux débris, sans en restituer sous aucune forme la valeur à son premier et légitime possesseur.

§ 2.

Nécessité d'une réforme dans les procédés d'enseignement. — Partage de la journée entre les disciplines classiques et professionnelles.

Notre programme est dressé : il n'est pas sans analogie avec celui des écoles dites *secondaires* que le ministère actuel se propose de créer. La question est de savoir s'il est possible de remplir ce programme, et par quels moyens le but pourra être atteint.

Avant de songer à fonder ces écoles, il nous semble qu'il serait logique de provoquer des réformes pédagogiques. En effet, les années sont déjà trop courtes à qui veut réaliser les programmes actuels en appliquant les anciens procédés. Si ces programmes sont doublés, comment les exécutera-t-on ? Qu'arrivera-t-il, quand la journée devra être coupée en deux, et qu'au lieu de 10 heures à consacrer aux disciplines classiques, on n'en aura plus que 5? Par quel miracle fera-t-on en 5 heures ce qu'on ne peut accomplir actuellement en 10?

Si on l'entreprend, ce sera évidemment au préjudice soit des sciences, soit des métiers, peut-être des deux à la fois. Les sciences seront de plus en plus mutilées, et les métiers mal exercés. Il est trop manifeste qu'un voyageur incapable de faire dix lieues en un jour, est moins capable encore de les parcourir en un demi-jour.

Donc en procédant de la sorte, on marche à un échec certain, ou bien les écoles projetées ne répondront pas au besoin complexe qui les commande. Alors l'œuvre sera manquée, et ce qui est plus grave, l'idée et le projet seront décriés et peut-être discrédités pour longtemps.

* *
*

Mettons notre système en regard du programme ci-dessus, et voyons si nous trouverons dans le premier un levier qui nous permette de soulever sans trop d'efforts toute la charge du second ; en d'autres termes, quelle économie de temps réaliserons-nous sur les 9 ou 10 heures de la journée scolaire ?

Précisons davantage encore. Pour que l'école professionnelle ne soit pas illusoire, pour qu'elle soit autre chose qu'un vain mot, il faut au moins consacrer quatre heures par jour aux travaux manuels, c'est-à-dire à l'exercice des métiers.

9—4=5. Cinq heures nous suffisent-elles pour exécuter le reste du programme, et l'exécuter avec toute l'ampleur que mérite chaque discipline ?

§ 3.

Economie de temps réalisée par l'emploi de nos méthodes linguistiques et scientifiques. — Traités lithographiés des Jésuites. — Leurs avantages.

Tout d'abord viennent les langues.

Dans le système classique, l'étude des langues absorbe plus des trois quarts de la journée. Pendant quatre ans, depuis la huitième jusqu'à la quatrième, on travaille presque exclusivement le latin.

Rappelons que notre système au contraire se définit et porte en épigraphe :

Les sciences par les langues,
les langues par les sciences.

Rappelons que la matière des séries, c'est, après la vie domestique, la vie des animaux et des plantes, puis le jeu des éléments, puis le travail de l'homme dans les arts, les métiers, l'industrie.

Rappelons qu'il y a des séries historiques, géographiques, scientifiques.

Or nous avons fait le calcul du temps nécessaire pour s'assimiler ce *cosmos* élémentaire : — six mois, si on travaille cinq heures par jour ; — un an, si on travaille deux heures et demie par jour. Au bout de quatre ans nous posséderons quatre langues, et nous aurons revu trois ou quatre fois notre cosmos scientifique. 2 $^1/_2$ heures ! — Nous n'avons dépensé que la moitié du temps qui nous était alloué.

* * *

Nous pouvons dépenser moins encore.

En effet, il y a 4 heures de prélevées en faveur des métiers, or nous ne croyons pas qu'il y ait en dehors de nos séries élémentaires une meilleure école pour étudier une langue que l'exercice d'un métier. L'ouvrier qui s'expatrie comprend et parle au bout de deux mois la langue de son patron étranger, et ce résultat n'a rien de surprenant et doit paraître tout naturel à quiconque connaît le secret du développement du langage.

Un métier représente une série régulière de buts réalisés chacun par une série de moyens. L'expression ordonnée de son exercice est donc une matière admirablement appropriée à l'étude d'une langue, telle que nous l'entendons, et que nous l'avons définie dans la 1re partie de cet ouvrage (*Exposé d'une nouvelle méthode linguistique*).

Ce que nous avons appelé le *fonds* de la langue se retrouve dans l'expression générale de chaque métier. En exerçant un métier, on peut donc exercer du même coup une langue.

Quatre heures données au travail professionnel sont donc ou peuvent donc être quatre heures données à l'anglais, à l'allemand, à l'espagnol, au grec, au latin même. Et si l'étude des séries pures peut être considérée comme la théorie de la langue, la conversation provoquée par l'exercice d'un métier en est l'application essentiellement pratique.

Que de fois j'ai regretté de ne pas être versé dans un métier, pour pouvoir aller parler et entendre parler dans les ateliers des grandes villes dont j'étudiais les langues.

Je le répète, aucune méthode ne peut rivaliser avec l'exercice d'un métier pour donner rapidement, non sans doute ce qu'on appelle la fleur d'une langue, mais le premier fonds, et pour livrer le secret de son maniement. Sous ce rapport l'atelier vaut presque les genoux d'une mère et le foyer paternel.

* * *

L'économie de temps réalisée par notre méthode dans l'étude des langues est donc, comme nous l'avons dit, réellement considérable.

On peut presque avancer que le temps consacré à l'étude d'une langue proprement dite se réduit à rien, puisque ce travail se fait par l'étude, soit d'une science soit d'un métier.

Donnons une heure, donnons-en deux à l'étude *spéciale* des langues par notre méthode des *séries :* on voudra bien nous accorder, que les trois heures qui nous restent, sont plus que suffisantes pour les disciplines qui demandent à être traitées d'une manière spéciale aussi et à part du langage.

Mais ces disciplines quelles sont-elles ? leur enseignement n'est-il pas lui-même susceptible d'une réforme, d'une réforme qui permettrait à la fois, de les pousser beaucoup plus loin, et d'aller beaucoup plus vite ? Passons en revue les principales.

* * *

Nous avons expliqué comment les sciences physiques et naturelles peuvent être mises en séries, comment les nombreux problèmes qui s'y rapportent sont posés et résolus l'un après l'autre. La rapidité et la sûreté avec laquelle, d'une part, le maître les expose, d'une autre part l'élève se les assimile, nous fait gagner un temps de nouveau considérable. Nous n'exagérons pas en disant que, par ce procédé, on peut donner en une heure ce que l'école d'aujourd'hui livre à peine en quatre heures.

De là la possibilité de pousser ces études beaucoup plus loin qu'on ne le fait d'ordinaire.

* * *

Une économie et un résultat analogues peuvent être obtenus à propos des sciences exactes elles-mêmes, lesquelles sont pourtant ce qu'on enseigne avec le plus de méthode dans l'école officielle.

Remarquons que ces sciences sont déjà disposées en séries dans les ouvrages classiques, seul avantage, à notre avis, des procédés modernes sur les procédés d'Euclide.

C'est que la nature des sciences exactes se prête tout particulièrement aux principes de notre système. En effet, rien n'est rigoureux comme la déduction mathématique. Ce n'est plus, il est vrai, le rapport de succession dans le temps qui enchaîne l'idée à l'idée, la phrase à la phrase, mais c'est le rapport logique de principe à conséquence, lequel n'est pas moins inflexible que le premier.

* * *

Il nous a été donné de parcourir les livres de sciences récemment lithographiés dans les maisons des Jésuites, et destinés exclusivement à leurs élèves. Certes nous les jugeons encore bien loin de la perfection. L'idée fondamentale de la série manque à leurs auteurs ; les coupures sont souvent maladroites ; et les thèmes, disproportionnés et mal coordonnés, présentent la plupart des défauts signalés dans notre chapitre *de la construction de la méthode.*

Mais tels qu'ils sont, ces traités réalisent incontestablement un progrès pédagogique. De là sans doute les mesures sévères édictées par cette école pour empêcher la divulgation d'un procédé, dont elle tient à garder la clef, et dont elle entend bénéficier toute seule.

Quant à nous, nous attribuons en partie à ces livres les succès obtenus par les maisons des Jésuites dans les derniers concours, pour l'admission aux écoles spéciales.

Dans ces traités, où les théorèmes sont groupés et classés par familles, où la déduction de chacun d'eux est rigoureusement conduite et largement développée, où les propositions simplifiées et désenchevêtrées occupent leur poste naturel, et se placent d'instinct *à la ligne* comme celles de nos thèmes linguistiques, où les alinéas, à l'instar de nos *pas*, se multiplient au gré des idées et conformément au jeu divers des données ; — dans ces traités, dis-je, l'élève voit infiniment plus clair et doit avancer beaucoup plus vite qu'avec les traités plus ou moins confus de l'école officielle, lesquels sont si mal confectionnés pédagogiquement parlant, que l'écolier a une peine infinie à les comprendre, ou, comme on dit, à les déchiffrer, même après la leçon du professeur.

* * *

L'enseignement des sciences exactes est donc bien lui-même susceptible d'une réforme, d'une réforme qui permettrait de faire en 6 mois, en 4 mois peut-être, ce que l'on fait difficilement dans une année ordinaire. Et ici nous parlons, comme toujours, après expérience.

La réforme doit être double : réforme des traités écrits, réforme des procédés d'exposition. Chez nous les savants foisonnent, mais le vrai pédagogue est extrêmement rare. Que chacun en effet veuille retourner en arrière et compter les maîtres auxquels il estime devoir quelque chose.

Cette réforme dans l'enseignement des sciences, qui nous assure un nouveau gain de temps, l'école nouvelle l'entreprendra. Peut-être ce corollaire immédiat de notre méthode linguistique compte-t-il déjà parmi les faits accomplis.

Que si ce travail existe, espérons qu'il laisse derrière lui, à une bonne distance, les meilleurs traités des Jésuites.

§ 4.

L'histoire. — Son importance. — Imperfection des traités élémentaires. — Conditions et plan d'une bonne méthode historique. — Aperçu d'un nouveau système. — Séries et thèmes historiques. — Manière de les enseigner. — Travail historique d'une année. — 1,600 thèmes. — Temps gagné.

Tout d'abord l'école nouvelle renoncera à ces manuels ou abrégés qui présentent à la jeunesse l'histoire altérée, décharnée, mutilée, et elle cherchera à remplacer tous ces mauvais livres par des traités complets où la vie des peuples et le jeu instructif des causes et des effets se développeront avec toute la richesse de la vérité.

Nous l'avons dit : l'histoire est la grande école où doit s'instruire l'avenir : école politique, école morale. Jusqu'ici, sur les murs de cette école ont figuré exclusivement des noms et des dates enchassés dans quelques faits généraux. La pédagogie doit passer l'éponge sur ces fades abstractions et les remplacer par des tableaux vivants.

Elle doit ressusciter le passé avec ses splendeurs et ses misères, avec ses héroïsmes et ses défaillances, avec ses passions nobles ou criminelles ; elle doit reproduire avec toutes ses péripéties le grand drame de la liberté luttant contre le despotisme.

Voilà l'histoire que je voudrais enseigner à mes enfants.

Mais où est le livre qui réalise cet idéal, et que je puisse mettre entre leurs mains ?

* * *

Toutes les histoires sont composées et sont écrites pour des esprits qui méditent, analysent et synthétisent depuis quarante ans. Mais où est l'histoire composée et écrite pour être assimilée par des enfants et des adolescents ? C'est en vain que nous la demandons à la pédagogie.

Ne vous y trompez pas ; tous les ouvrages historiques soi-disant préparés pour la jeunesse, y compris les derniers essais de M. Guizot, sont parfaitement inaccessibles à l'enfant, même à beaucoup de grandes personnes. Entre ces livres et tous les autres, je ne vois absolument d'autre différence que le titre :

Pour les petits enfants,

et ce titre est un mensonge. Voyez vous-même :

Les chapitres y sont-ils taillés et distribués autrement que dans les autres livres ? L'analyse des évènements s'y trouve-t-elle plus déliée et mieux suivie ? La synthèse y est-elle nouée plus logiquement ? Le style a-t-il moins de métaphores, moins de périodes, moins d'emphase ?

Je le répète : toutes ces histoires n'ont rien de particulier : les plus renommées n'ont rien de vraiment pédagogique ni pour le fonds ni pour la forme : je dis *rien*.

* * *

Et à cela quoi d'étonnant ? Le problème d'une réforme historique dans l'enseignement a-t-il jamais été posé avant ce jour ? Si les langues sont mal enseignées à l'école officielle, que dire de l'histoire ? Qu'elle ne l'est pas du tout.

Ouvrez ses livres et voyez si l'histoire s'y trouve, vous qui la savez. Voyez si l'enfant y puisera des leçons et des principes qui pourront lui servir et le diriger le jour où il sera fait citoyen, et en exercera les droits.

Pourquoi tant de divisions et tant de partis dans notre pays si admirablement fait pour être un ? Parce que nous ne savons pas l'histoire, ou parce que chacun de nous a la sienne, et non l'histoire impersonnelle d'une saine pédagogie ; parce que nous ne l'avons pas apprise à l'école où elle est interdite, mais dans un journal ; parce que nous la tenons de la passion et non de la raison, de l'erreur et non de la vérité.

L'histoire, l'histoire vraie, pratiquement enseignée, pratiquement écrite, voilà le livre sacré, voilà la bible de l'avenir. Mais ce livre n'est pas encore dicté. Il faut donc que l'école nouvelle se mette courageusement à l'œuvre, et crée une méthode historique, comme nous avons essayé de créer une méthode linguistique.

* * *

Et cette création est de première nécessité. L'histoire, la lecture et la méditation de l'histoire doivent être pour le futur citoyen ce que la prière est pour le futur lévite : un exercice sacré et quotidien. L'histoire doit devenir une partie essentielle de notre personne morale. Il importe donc qu'elle soit vraie, et il importe, vu la richesse et l'étendue de la matière, qu'elle soit assimilable au plus haut degré.

En effet, ce n'est pas dans un volume de 300 pages que vous raconterez, je ne dis pas l'histoire universelle, je ne dis pas même l'histoire nationale, mais une seule époque de cette histoire.

Il faut donc trouver un système tellement pratique, que l'élève n'ait qu'à lire pour savoir, qu'à regarder pour retenir, qu'à feuilleter pour rafraîchir sa mémoire.

Pareil système est-il possible? et pourrait-on dès aujourd'hui en établir la base et en indiquer les grandes lignes?

Nous allons essayer, afin de prouver que notre projet mérite peut-être de se voir considéré comme autre chose qu'une chimère.

* * *

L'histoire, avons-nous dit dans un chapitre de notre linguistique, est le récit des passions, des aspirations, des tendances, c'est-à-dire des buts divers et successifs que s'est posés un peuple, et des moyens par lesquels il les a réalisés. Or, là où il y a *buts* et *moyens*, il y a place pour la *série*. Nous avons donc conclu que la série, base de notre système linguistique, peut devenir la base d'une excellente méthode historique.

Répétons ici le passage qui justifie cette conclusion :

« Etant donné un fait historique, la guerre de 7 ans par « exemple, ou le règne de Louis XIV, ou un moment spécial « de ce règne, tel que la guerre de la Fronde, nous étudions « avec soin les passions et les hommes qui ont joué un rôle « dans cet acte politique ; nous comptons minutieusement les « buts divers dans lesquels se résolvent tous leurs mouve- « ments ; nous en dressons le catalogue, non d'après l'ordre « alphabétique, mais d'après leur succession ou génération « chronologique.

« Puis recherchant les moyens par lesquels ces buts divers « ont été réalisés dans le temps, et les exprimant dans l'ordre « même où ils se sont succédé ou ont dû se succéder, nous « formons une véritable série historique, que nous disposons « sur le modèle de nos séries linguistiques.

« La mise en série de la vie des peuples, voilà la base à la

« fois et le plan d'une méthode historique, et voici maintenant
« le travail de détail et la forme de l'édifice.

* * *

« Le récit général se trouve coupé en un grand nombre de
« récits particuliers, lesquels forment comme autant de
« tableaux. Chaque tableau contient un fait unique et simple,
« fortement mis en relief par le style et le mouvement de la
« phrase.

« Ce tableau occupe une page spéciale, et porte un titre sim-
« ple comme lui, dont la page est le développement. Dans ce
« développement, on suit rigoureusement l'ordre de succession
« dans le temps, ordre dont on tient trop peu de compte dans
« les ouvrages d'histoire même les plus élémentaires, et qui
« pourtant est le secret de la précision et de la clarté, et la
« condition d'une prompte et facile assimilation. Car qu'est-ce
« que la mémoire, sinon le classement logique des faits dans
« l'esprit ?

« Si donc les faits sont déjà classés, ordonnés dans le livre,
« l'esprit les saisira et les retiendra d'autant plus vite, et les
« moins habiles les garderont comme les mieux doués.

« Point de ces réflexions et pronostics comme ceux qui rem-
« plissent aujourd'hui tous nos manuels, et qui dégoûtent
« l'enfant, parce qu'il ne les comprend pas, et sait moins encore
« les séparer, les distinguer du récit véritable.

« Des faits, rien que des faits : des faits avec le mouvement
« dramatique des causes et des effets, des faits qui parlent et
« qui font réfléchir, des faits simplement interprétés par l'ac-
« cent du professeur ; — et dans l'expression point de ces
« grosses et creuses métaphores que l'enfant n'entend pas, qui
« l'égarent au lieu de le guider, et lui font prendre des ombres
« pour des réalités.

« Ainsi conçue, l'histoire peut s'écrire autrement qu'elle ne
« l'est d'ordinaire. Nous l'écrivons en phrases simples et brèves,
« qui courent l'une après l'autre avec la rapidité du temps dans
« lequel on raconte la vie des peuples.

« 1° Chaque phrase n'exprime qu'une idée ou un fait simple.

« 2° Chaque phrase est distincte de celle qui la précède et de « celle qui la suit aussi bien sur le papier que dans la pensée, « c'est-à-dire que chaque proposition se met à la ligne comme « dans notre méthode linguistique. »

Nous avons justifié cette nouvelle forme typographique, à propos des thèmes de nos séries ; nous ne croyons pas nécessaire de revenir sur ce sujet.

* * *

La méthode est esquissée ; supposons qu'elle soit construite, comment l'appliquera-t-on ?

Cette question n'est pas moins grave que celle de l'enseignement des séries linguistiques. Dans des mains inhabiles le meilleur outil ne saurait produire des merveilles.

A notre jugement, une place considérable doit être faite à l'histoire dans l'école nouvelle. Ce n'est pas deux leçons par semaine qu'il faudrait lui consacrer, mais deux leçons par jour si c'était possible.

Comment y arrivera-t-on même avec notre méthode ? C'est à l'art pédagogique qu'il faut demander ce secret. En conséquence, qu'il nous soit permis de nous attarder un moment sur cette question. Son importance exceptionnelle nous paraît l'exiger.

Pour fixer les idées du lecteur et faciliter notre explication, nous allons transcrire un thème historique emprunté à notre histoire de la Messénie (*Une annexion par droit de conquête*).

* * *

Invasion des Doriens.

— Aux temps légendaires de la Grèce,	aux temps
deux familles dominaient dans le Péloponèse :	dominaient
les fils d'Hercule ou d'Héraclides, et les fils de Pélops.	à savoir
Par leur force, leur industrie et leurs travaux gigantesques,	par
Hercule et ses fils conquirent une immense popularité ;	conquirent
dès-lors une lutte violente s'engagea entre les deux maisons,	s'engagea
et la race d'Hercule dut émigrer en masse vers la Thessalie.	émigrer
Elle s'y mêla à la race de Dorus et autres races indigènes,	se mêla
couvrit de ses tribus les plateaux de l'Epire et de l'Illyrie,	couvrit
mais garda comme une tradition l'idée d'une revanche. —	garda
— Survint enfin le long duel de la guerre de Troie ;	survint
les fils de Pélops s'y épuisèrent eux et leurs sujets :	s'épuisèrent
à son retour la maison d'Argos se chargea de forfaits,	se chargea
et perdit la sympathie et le respect des peuples.	perdit
Trois frères Téménus, Cresphonte Aristodème, com- mandaient alors aux Héraclides ;	comman- [daient
un vaste mouvement fut préparé par eux.	fut préparé
Du Kom au Bagora partirent des essaims de guerriers,	partirent
qui, s'abattant par le val du Drin vers le lac Ochrida,	s'abattant
entraînèrent avec eux les hordes sauvages du Scardus.	entraînèrent
La Chaonie versa ses clans sur la route de Dodone ;	versa
puis la longue chaîne du Pinde s'ébranlant à son tour,	s'ébranlant
remplit de ses phalanges les rives de l'Achéloüs ;	remplit
enfin une armée de géants sortit du massif de l'Olympe,	sortit
et franchit les gorges de l'Othrys pour courir à Naupacte. —	franchit
— Au-delà du golfe, la milice achéenne fut écrasée ;	écrasée
princes et rois cherchèrent leur salut dans l'exil ;	cherchèrent
les peuples épouvantés demandèrent merci,	demandèrent
et les trois frères se partagèrent le pays.	partagèrent
Argos échut à Téménus, la Messénie à Cresphonte ;	échut
Aristodème reçut Lacédémone. —	reçut

. . . . .

Une leçon d'histoire est une pièce en deux actes; il y a l'exposé du maître, il y a le travail d'assimilation de l'élève.

Parlons d'abord de l'exposé.

Le maître ne lit pas : il improvise. Rien ne glace une classe d'enfants comme la lecture. Le livre est un écran qui paralyse l'émotion du maître, et empêche sa pensée de rayonner jusqu'à l'auditeur. Un tableau, une carte comme celles dont nous allons parler plus loin, voilà les seuls auxiliaires autorisés du maître d'histoire. Aux yeux de l'élève le professeur doit être une histoire vivante. Il importe qu'il sache son histoire, et qu'il en paraisse pénétré; en un mot, il faut qu'il prêche d'exemple.

Les thèmes historiques ne sont donc pas écrits pour lui : leurs titres doivent au plus lui tenir lieu de programme, de memento ou de notes. Il s'abandonne à l'inspiration du moment, à son imagination propre, et expose les faits comme il les voit ou les conçoit, avec ordre, avec clarté, avec précision, avec chaleur, et en accentuant ce qui mérite d'être accentué: et cela dans un langage moitié vulgaire, moitié académique, et avec un tour humoristique qui achève de mettre le fait en relief dans la mémoire.

* * *

Le bloc de marbre est tiré de la carrière, taillé, dégrossi : l'inspiration est communiquée à toute l'école: nous pouvons parfaire la statue.

Après avoir fait parler les faits, le maître doit faire parler le livre. Il lit alors ; mais cet exercice n'est plus une lecture ordinaire, c'est une traduction, la traduction d'un acte bien connu de tous, et auquel désormais s'intéresse vivement la classe. Cet exercice s'offre pour résoudre un nouveau problème dont voici l'énoncé : *trouver la meilleure expression possible du drame historique auquel la classe vient d'assister.*

A ce point de vue, la lecture a un haut intérêt pour tout le monde. Soyez sûr que nous avons trouvé le secret de rendre chaque élève attentif.

Le maître lit, commente, critique chaque phrase, exécute enfin un travail analogue à celui que nous avons décrit à propos de la lecture des auteurs classiques (1re *partie*).

Voilà la tâche du maître; voyons celle de l'élève.

* * *

Il connaît à fond l'histoire qu'il a devant lui. Ce qui lui manque, c'est l'expression. Comment la conquerra-t-il?

Rien de plus simple.

Remarquons d'abord que nos thèmes historiques sont exactement organisés comme nos thèmes linguistiques. La théorie que nous avons développée à l'occasion de ceux-ci s'applique donc tout entière aux thèmes historiques.

Cela dit, voici comment procèdera l'élève :

Se cachant le texte d'une main, il lira les verbes par ordre, et sur chaque verbe il bâtira la phrase correspondante. Il élaborera ainsi pièce à pièce le premier alinéa ou premier pas, et le reprenant une seconde fois, il finira de se l'assimiler. Il s'assimilera de la même manière le 2e puis le 3e pas.

Il faut de 5 à 7 minutes à un enfant de 10 ans pour apprendre, par ce procédé, un thème comme l'*Invasion des Doriens*. Ce résultat est riche en conséquences: nous allons les tirer tout-à-l'heure.

Le maître fait réciter le plus faible de la classe. Il constate qu'il sait la page; il en conclut que tous la possèdent. A quel exercice va-t-il passer ?

Cela dépend de l'âge et de la force des enfants qu'il a devant lui.

S'il a affaire à des commençants qui ne savent pas encore l'orthographe, il donnera le thème simplement à copier ; ou bien il le dictera en syllabant les mots, ou les fera dicter par un élève.

Cet exercice remplacera avantageusement celui de la dictée ordinaire et de la calligraphie, et sera tout ensemble une diversion et une incubation (*voir l'exposé de notre méthode linguistique*).

Si la classe est déjà versée dans l'orthographe, si les fautes grossières ne sont plus à craindre, le thème historique deviendra la matière d'une composition littéraire, et voici dans quelle condition ce travail devra se faire:

Chaque élève relèvera sur son cahier la série des verbes du thème historique, puis fermant le livre, il reproduira par écrit les phrases correspondantes aux verbes. La correction de tous ces devoirs sera aussi brève que facile. Il suffira au maître de faire lire une seule copie ; chacun corrigera sa phrase sur celle qui est jugée parfaite.

Si la classe est plus avancée encore, le thème sera reproduit comme une vraie narration, après une simple lecture ou une simple audition, et sans autre secours que la logique des faits.

. . .

Reste une dernière catégorie d'élèves: ceux qui, formés par ces divers exercices, ont appris à penser par eux-mêmes, c'est-à-dire à saisir les vrais rapports des choses, et qui avec des principes solides ont acquis des formes pour exprimer toutes leurs conceptions.

Ceux-là traiteront l'histoire à un point de vue plus élevé ; ils traceront les portraits et feront les éloges des grands hommes ; ils peindront les batailles ; ils jugeront les révolutions, apprécieront les législations, referont les discours vrais ou supposés des grands politiques, essayant de faire revivre dans ces compositions les idées et les passions qui ont agité les temps, tachant d'y résumer chaque époque, chaque moment historique.

Ainsi étudiée, l'histoire entrera forcément avec toutes ses leçons dans l'esprit et le cœur de l'enfant, et en fera de bonne heure un homme.

. . .

On le voit: l'histoire est considérée par nous d'abord comme une science et traitée comme telle ; ensuite elle est exploitée comme un thème merveilleusement propre à former le langage et le style de l'élève.

Préparée comme nous venons de l'indiquer, l'histoire est un

recueil de narrations, dans lesquelles nous déposons successivement les formes et tours de phrases les plus usités et les plus importants.

Au moyen de ces narrations on formera jour par jour l'éducation littéraire d'une classe. Voici les avantages principaux de ce procédé :

— 1° Chaque thème historique forme une narration complète, ayant la longueur qui convient à des commençants ;— 2° les faits y sont analysés et développés avec méthode ; — 3° l'ordre et le mouvement y sont donnés ;—4° l'élève y apprendra vite à dompter sa pensée au moyen de ces phrases brèves et rapides qui traduisent les faits des récits ; — 5° chaque phrase étant un tout par elle-même, l'élève est forcé de les soigner toutes également.

Dans les compositions ordinaires, une phrase fait passer l'autre ; le mieux compense le moins bien. Mais dans nos tableaux chaque pièce est en évidence. Nulle n'a le droit d'être faible ou oiseuse. Chaque proposition demande à être considérée à part, pesée, balancée, cadencée. Les gens du métier savent que c'est la dernière chose qu'on obtient, quant on l'obtient, même des meilleurs élèves.

. . .

La matière ferme de l'histoire vaut mieux pour les commençants, est infiniment plus facile à traiter que les sujets que l'on propose d'ordinaire, lesquels ne relèvent que de la fantaisie, et que l'élève ne sait en général par quel côté attaquer.

La brièveté et la facilité de ces compositions permettront d'en donner une ou plusieurs chaque jour. Ces exercices étant tous exécutés à la perfection ou à peu près, chaque effort étant fécond, chaque heure produisant un fruit, il faudra peu de temps pour former le goût et le génie narratif de l'élève.

Le thème historique est donc bien en même temps un thème littéraire, et, selon nous, le plus pratique qu'un maître puisse proposer à sa classe ; partant la série historique est le premier auxiliaire de la série purement linguistique.

. . .

Lorsque le fonds d'une langue est conquis, il faut des lectures et des récits où tous les termes, les propres et les figurés, reviennent pour ainsi dire à l'état libre et au hasard des événements. Or que pourrait-on imaginer de plus commode que ces séries historiques, soit pour le maître qui raconte, soit pour l'élève qui écoute? Quelles lectures plus faciles et plus profitables ce dernier pourrait-il entreprendre? Quel sujet plus avantageux pourrait-il s'exercer à raconter?

Son regard n'a jamais qu'une ligne à embrasser, son esprit qu'une proposition à saisir. Il descend d'une pensée à l'autre avec sûreté, sans pouvoir tomber à côté du sens. Grâce à l'ordre naturel qui enchaîne l'événement à l'événement, il devine pour ainsi dire chaque phrase avant de la lire. Les *pas* lui marquent les points précis où il doit s'arrêter, où il peut interrompre le récit, pour relire ce qu'il a compris et en prendre possession.

Je ne parle pas du verbe, qui annonce l'idée comme l'aurore annonce le jour.

Jusqu'ici aucun livre pratique n'a été écrit à l'usage de ceux qui voudraient se perfectionner dans l'étude d'une langue ou se maintenir dans sa connaissance, tout en se livrant à des lectures utiles et intéressantes. L'histoire traitée comme il vient d'être dit nous paraît pouvoir répondre pleinement à ce besoin.

* * *

Parmi les avantages de cette méthode, il en est un que nous devons signaler en finissant, parce qu'il répond en même temps à une objection qu'on ne manquera pas de nous faire.

Qui le croira? Ce procédé qui nous permet, que dis-je? qui nous oblige de descendre jusqu'aux derniers détails, afin de faire revivre réellement les choses et les hommes, ce procédé l'emporte en brièveté sur tous les autres.

Nous avons fait assaut avec celui de nos historiens qui n'a point de rival sous ce rapport, Voltaire ; nous avons raconté et écrit le siècle de Louis XIV en 250 thèmes, sans omettre un seul des faits contenus dans le chef-d'œuvre du grand écrivain, en y faisant entrer même une foule d'autres qui ne s'y trouvent pas. Or le livre de Voltaire, à édition égale, compte 600 pages.

Reste la difficulté d'exécution. Nous qui sommes à l'œuvre, nous savons mieux que personne ce qu'un pareil traité d'histoire pourra coûter de labeur. Mais quand on marche sur un bon chemin, on peut aller vite et loin.

Deux choses suffisent pour arriver au but : de la foi et du courage.

* * *

Maintenant supputons le temps qu'exigera un cours d'histoire fait dans ces conditions. L'exemple ci-dessus (*Invasion des Doriens*) représente un thème simple et non une leçon complète. Chaque exposé du maître embrasse d'ordinaire un épisode bien déterminé, se décomposant au moins en 5 ou 6 moments divers, lesquels donnent lieu à autant de thèmes particuliers. Ces thèmes sont à l'exposé ce que les paragraphes sont aux chapitres.

Nous donnons à la fin de ce mémoire un épisode de la guerre de la Fronde formant la matière d'une leçon ordinaire.

Cela posé, il est facile d'évaluer le travail historique de chaque jour. Un épisode bien préparé s'expose aisément en une demi-heure, et 5 thèmes s'apprennent en 35 minutes. En moyenne 1 heure suffit donc pour l'élaboration de 5 thèmes historiques.

Il convient qu'un épisode complet soit exposé à chaque leçon. L'expérience nous a démontré que le plus long dépasse rarement dix pages, c'est-à-dire dix thèmes. Lorsque se présente ce cas, l'heure entière est consacrée à l'exposé, et l'heure du lendemain à l'étude de cet exposé. Le résultat final est le même : dix exercices en deux jours. Au bout des 300 jours de l'année scolaire, l'élève se sera assimilé un volume de 1500 pages.

Comparé à ce qui s'obtient dans les meilleures écoles, ce résultat est énorme, et représente au moins le travail de 3 ans. Ajoutons que ces 1500 thèmes ont été consciencieusement élaborés et conquis par tous les élèves : je dis *tous*.

* * *

Quant au travail historique écrit, il doit être mis au compte des tâches littéraires.

D'un autre côté, il a été établi que le thème historique devait, à un certain moment, être transformé en thème linguistique. Le temps consacré à son étude pourrait donc être porté lui-même au compte du travail des langues. Cela suppose, il est vrai, d'abord que les séries historiques sont écrites dans la langue étrangère enseignée, ensuite que le maître chargé de cet enseignement connaît parfaitement cette langue. C'est à l'école à savoir remplir ces deux conditions.

Toute considérable qu'elle est, la discipline de l'histoire menée comme nous l'entendons, ne prélèvera donc au fond sur notre capital de 5 heures qu'un léger tribut.

§ 5.

Géographie. — Insuffisance des procédés ordinaires (cartes, globes, reliefs). — Exposé d'un nouvel essai de cartographie. — Séries et thèmes géographiques. — Manière de les enseigner. — Travail de l'élève. — Temps gagné. — Résultat annuel.

Si jamais science demanda impérieusement une réforme, c'est assurément celle-là. Nous savons tous combien sont insuffisants, et les globes, et les atlas, et les cartes les plus parfaites, pour l'enseignement de cette discipline.

Les procédés par lesquels les géographes essaient de représenter la configuration du sol sont tellement défectueux, que le maître et l'élève sentent, à chaque instant, que leurs efforts sont ceux des Danaïdes s'épuisant à remplir des tonneaux sans fond. Et après des veilles et des veilles, il ne reste à la surface de l'esprit qu'une fourmilière de noms, ou plutôt de sons indociles, qui ne cherchent qu'à échapper à l'ordre arbitraire que leur a assigné le maître ou le livre, pour se brouiller tous ensemble. De la configuration générale du pays l'esprit ne conserve qu'une vague image, laquelle est tellement fausse que chaque étudiant en a une autre ; et pourtant la géographie doit avant tout enseigner cette configuration ; autrement ce n'est pas une science, mais la plus banale et la plus fastidieuse des nomenclatures.

Pourtant que d'efforts tentés de tous côtés ! Non-seulement les traités et les revues se succèdent sans relâche, mais la cartographie sera mise au nombre des manies de notre époque. Malgré cela nous ne voyons aucune innovation vraiment pratique produite en vue de l'école.

* * *

On a pu admirer à l'exposition universelle des reliefs superbes représentant une ville, un canton, une commune, et travaillés d'après le système des courbes de niveau. Comme œuvres d'art et de patience cela peut avoir son prix, comme œuvres pédagogiques ces travaux n'ont aucune valeur.

En effet, d'abord la région représentée n'est pas même un point du globe, et ne peut en aucune façon compter comme région géographique. C'est peut-être de la topographie, ce n'est pas de la géographie.

Le véritable objet d'un chapitre de géographie, c'est, non la représentation d'un hameau isolé, mais la description d'une région déterminée, c'est-à-dire d'un ensemble de contrées diverses formant une certaine unité. Une ville, un canton, une commune sont des atomes : un atome ne peut faire l'objet d'une science.

Ensuite, combien de semaines et de mois exige la mise en relief du plus modeste des cantons ? Un homme aurait besoin de deux ou trois vies pour confectionner un seul arrondissement.

Supposons que chaque commune trouvât un géographe pour la mettre en relief, quelle est l'école assez riche pour acheter seulement la France, c'est-à-dire les 36,000 reliefs représentant les 36,000 communes, et où placerait-on cette collection ?

Il y a plus encore : quelque parfait que soit un relief, il ne peut servir pour l'*enseignement collectif* d'une école. Il faut être tout près pour voir, et partant il n'y a guère place que pour un seul élève à la fois.

Pour éclairer la démonstration ou l'exposition du maître, la carte en relief, à notre avis, ne vaut pas même la carte plate vulgaire.

* * *

Un système pratique de cartographie pour les écoles reste donc encore à découvrir.

Nous demandons la permission de présenter ici quelques idées relatives à une méthode récemment tentée par nous, et dont quelques ébauches ont figuré à l'exposition de 1878.

Après des essais de tout genre, et après avoir inutilement interrogé et mis à l'épreuve les systèmes des géographes les plus renommés, nous en étions venu à désespérer de l'enseignement de la géographie elle-même, et nous le déclarions impossible, lorsqu'un coup de crayon donné au hasard, à propos de la carte de l' Attique que nous dressions pour les besoins de nos classes d'histoire, nous fit entrevoir une forme générale propre à manifester tout ce qui porte le nom de montagne.

Les atlas du XVIIIe siècle et quelques mauvaises cartes allemandes nous avaient déjà donné une idée de la chose. Mais outre que les chaines ne s'y trouvaient que vaguement indiquées, et jamais nouées d'une manière continue, la perspective nous paraissait complètement sacrifiée à la forme du sol. Et cette forme était elle-même si défectueuse et si peu naturelle que nous n'avions pas cru devoir nous arrêter à ce procédé par trop primitif, lequel d'ailleurs dégénérait promptement dans ces arêtes de poisson que nous abhorrions depuis le collége.

• •
•

Notre conception fut mise sur l'heure à l'épreuve, et nous parvinmes à esquisser assez proprement la chaîne de l'Hymette, le promontoire du Sunium, l'isthme de Corinthe, le mont Parnès et la chaîne du Cithéron.

Placée à l'extrémité de la classe, la carte devenait un tableau dont le relief se précisait et grandissait à mesure qu'on s'éloignait davantage. Une classe entière pouvait donc enfin, sans sortir des bancs, suivre l'exposé du maître.

Evidemment nous tenions quelque chose du prodédé que nous cherchions depuis si longtemps. En travaillant, nous trouvâmes presque sans la chercher la forme de la colline, laquelle n'est au fond qu'une montagne déprimée. Tout ce travail s'exécutait à merveille et très-vite au crayon Conté.

Cependant de nouvelles difficultés nous attendaient. Les chaînes verticales telles que les Taygètes et le Rhodope ; les chaînes franchement horizontales telles que les Balkans ; les chaînes horizontales et parallèles resserrant entre elles et à leur pied un fleuve, comme les monts de Serbie aux portes de fer, nous arrêtèrent longtemps. A force de raisonner et de chercher nous parvînmes, nous le croyons du moins, à triompher de tous les obstacles.

La presqu'île des Balkans nous paraissant réunir tous les cas imaginables, nous en fîmes notre premier thème géographique. Nous avions visité d'ailleurs la vallée du Danube, et nous nous promettions de suivre attentivement les marches militaires qui s'exécutaient ou allaient s'exécuter dans la région des Balkans, et de profiter des renseignements précis que ne pouvaient manquer de nous donner les bulletins des armées rivales.

Il nous fallut d'abord faire choix d'une échelle. Toutes ne convenaient pas également. Puis nous substituâmes l'aquarelle au crayon, et le résultat dépassa nos espérances.

* * *

Servi par la main expérimentée d'un artiste, le procédé en question nous paraît capable de résoudre le problème tant cherché par la pédagogie. Nous ne nous étendrons pas davantage sur ce procédé. Il en est d'un dessin comme d'un paysage : pour le juger, il faut le voir. Donnons-en toutefois (puisque ce mémoire ne peut porter dans ses plis une carte murale) une courte définition.

Notre carte n'est pas la carte scientifique, conventionnelle de l'état-major ou du général Dufour : c'est une carte de démonstration mettant en évidence les montagnes, les vallées, les routes, les rivières, les villes ; c'est le tableau photographique et pittoresque d'une région, à travers laquelle une classe entière peut faire, en quelques minutes, et sans fatigue pour le corps et pour l'esprit, une tournée tous les jours.'

Dans ces cartes, la montagne est représentée par une montagne et non par une *chenille* ou une *toile d'araignée*, la colline par une colline, le chemin par un chemin, la rivière par une rivière, la ville par une ville, le hameau par un hameau.

Chacun de ces faits occupe la place qu'il a dans la réalité, et se présente ou doit se présenter avec sa physionomie propre.

La population des villes est indiquée par des chiffres représentant des milles. Les montagnes portent à leur sommet deux chiffres rouges exprimant leur hauteur en pieds, le premier marquant les mille, le second les centaines.

La région décrite est vue à vol d'oiseau : c'est le relief ordinaire rendu par le dessin, et cela avec tous les avantages qu'offrent les combinaisons aussi simples que variées de l'ombre et de la lumière. C'est un pays révélé dans ses traits généraux, une sorte de *généralisation* de ce pays, quelque chose comme l'empreinte ou l'image que la mémoire conserve d'une contrée récemment explorée : la fidélité doit être suffisante pour qu'un indigène, par exemple, en reconnaisse les détails à première vue, ce qui est arrivé à plusieurs de nos cartes.

Ce n'est pas un pays en miniature : la miniature est faite pour être vue de près, et notre carte est faite pour être vue de loin.

* *
*

Nous nous étonnons nous-même que ce système n'ait pas été entrevu et appliqué depuis longtemps. C'est pourquoi nous serions tenté de croire qu'il doit sa vertu au degré de l'échelle adopté par nous.

Nous avons remarqué en effet que la carte perd, sitôt que nous changeons ce degré soit en plus soit en moins. Les tableaux de *Courbet* ne livrent leur riche perspective qu'à ceux qui les regardent à distance. N'est-ce pas à un phénomène du même genre qu'il faut attribuer l'effet de nos cartes?

Mis au service de l'histoire ces tableaux géographiques facilitent considérablement la tâche du professeur. Les armées ne se meuvent plus dans l'imagination des écoliers sur une table plate et en ligne droite, mais chacun peut les suivre dans leurs marches et contre-marches, à travers les montagnes, les plaines et les vallées, sur les grandes routes et jusque sous les plis du terrain.

Une leçon d'histoire racontée devant ces cartes ne s'efface jamais de la mémoire de l'enfant.

* * *

Nous décomposons chaque partie du monde en un certain nombre de cartes générales répondant chacune à une division admise comme naturelle. Par exemple, la presqu'île des Balkans offre la matière d'une carte générale; nous l'avons faite sur une feuille mesurant 1^m 60 de largeur sur 1^m 40 de hauteur.

La confection de ce travail en apparence très-compliqué nous demande 4 ou 5 jours pleins. Chaque pédagogue pourrait donc facilement et en peu de temps créer pour ses classes un système géographique analogue à celui que nous préconisons.

Toutefois, si l'exécution de ce travail est relativement prompte, la préparation est des plus laborieuses. Pour pouvoir reproduire avec quelque exactitude la forme générale d'une vallée ou d'un plateau, ce n'est pas trop d'étudier non-seulement les travaux des plus grands géographes, mais encore et surtout les voyages, les itinéraires donnant des indications précises sur la configuration des pays.

Si notre système avait l'avenir pour lui, il serait facile à une école ou à un éditeur de se mettre en relation avec des artistes indigènes de chaque région, et de publier promptement et à bas prix des atlas complets.

* * *

Une carte étant dressée, le maître promène ses élèves sur les 3 ou 4 grandes routes qu'elle présente. On n'a pas oublié que le relief de nos cartes apparaît d'autant mieux qu'on s'en trouve plus éloigné, et qu'il est calculé de manière qu'une classe entière puisse suivre la leçon. Le maître ne doit pas seulement nommer les villes qu'il trouve sur son chemin, il doit en achever par ses descriptions *la physionomie* ébauchée par la carte.

Dans chaque voyage il raconte tout ce qu'il sait des pays qu'il traverse; il décrit: 1° le sol, sa nature, ses formes, ses productions, son climat; 2° les animaux qu'il nourrit; 3° l'homme, son histoire, ses mœurs, ses lois, ses villes, ses industries, son gouvernement, son avenir. Tel est l'objet multiple d'une leçon quelque peu sérieuse. Ainsi traitée, la géographie l'emporte peut-être en intérêt sur toutes les autres sciences.

* * *

Les grandes routes une fois parcourues, on circule sur les voies secondaires, et on finit par posséder à fond le pays. Les noms et les choses se gravent dans la mémoire avec une rapidité étonnante, et ne s'en effacent plus. Ce fait s'explique facilement. Sur nos cartes chaque localité se présente, comme dans la réalité, avec un caractère propre et une physionomie déterminée. Dès-lors on retient son nom avec la même facilité que celui d'un village qu'on viendrait de visiter. On se représente quelque chose: tout est là. C'est le même principe qui préside à notre méthode linguistique.

L'intelligence veut des limites, des contours bien arrêtés. Or les cartes les plus savantes manquent absolument de cette précision qu'on pourrait appeler *plastique*. Par suite, les meilleures sont impropres à l'enseignement. Le maître le plus habile éprouve d'énormes difficultés, même armé d'une loupe, à les interpréter; comment peut-on espérer qu'un enfant sans expérience et sans patience puisse sérieusement étudier la géographie dans de pareilles conditions? Les atlas allemands les plus vantés sont aussi peu pratiques, aussi peu *pédagogiques* que nos mauvaises cartes françaises. Non-seulement leur lecture est inaccessible aux élèves et à la plupart des maîtres, mais ils regorgent d'erreurs et de contradictions.

* * *

Disons-le franchement et une fois pour toutes: une feuille de papier noircie de noms comme les cartes de Kiepert ou de Stieler, représente peut-être un travail de gravure considérable : elle ne représente en aucune façon un *tableau géographique.*

Non, ce n'est pas là de la géographie. A l'aide de ce grimoire à peine déchiffrable à la loupe, je vous défie d'acquérir la moindre notion exacte d'une région donnée; je vous défie même d'y retrouver, d'y reconnaître la configuration de la contrée que vous habitez.

Si l'Allemand n'étudie la terre que dans les atlas et sur les cartes qui figurent dans ses écoles, il est loin d'être ce *phénomène géographique* pour lequel il aime tant à poser.

Les vrais géographes sont rares, je le crains, autant en Allemagne qu'en France.

Laissons le pédant allemand en extase devant les longues et vastes chenilles de ses fameuses cartes murales, et cherchons d'autres voies. Il doit y en avoir, ou bien il n'y a de géographe que le voyageur, et la géographie de l'école n'est qu'un mot.

* * *

Le pays exploré une première fois, comme nous l'avons dit, doit être parcouru à la hâte plusieurs jours de suite. Le premier voyage seul coûte du temps et de la peine. En 10 minutes au plus, on peut repasser une carte générale dont la première exposition a exigé 2 heures. Nous prenons d'ordinaire ces 10 minutes sur la fin d'une classe, et nous revoyons ainsi le même pays pendant une semaine et une ou deux fois par jour, sans que cela porte préjudice aux autres disciplines. Cela se fait en général dans une langue étrangère, conformément à la devise : *les langues par les sciences, les sciences par les langues.*

* * *

Après cela, il s'agit de prendre possession de la terre conquise. Nous recourons ici au procédé des séries. Descendant de la synthèse à l'analyse, nous décomposons la carte générale en ses régions diverses. Chacune de ces parties formant un tout dans le tout doit être refaite par l'élève, lequel construit ainsi le monde pièce à pièce, s'intéressant à chaque détail qui devient pour ainsi dire son œuvre, le méditant, le calculant, le couvant jusqu'à ce qu'il éclose sous sa main. Etudiée ainsi, la géographie est vraiment une science, et l'élève se passionne pour elle ; acquise ainsi, elle défie l'oubli.

L'esquisse de chaque carte est livrée à l'enfant ; celui-ci la calque ou la dessine à nouveau, puis la remplit au moyen des souvenirs de la leçon et en se dirigeant d'après la carte du maître, exposée dans la classe. D'ailleurs, chaque région est décrite dans un traité spécial, très-détaillé, organisé sur le modèle des autres disciplines classiques, et formant une suite de lectures attachantes à l'égal de l'histoire elle-même (*voir dans l'histoire de la Messénie notre description du Péloponèse*).

Nos cartes spéciales mesurent 40 sur 50 centimètres, et tiennent amplement sur une feuille de dessin ordinaire. Celle que nous avons exposée était intitulée : BULGARIE ORIENTALE *du Danube à la Tundscha et de la Jantra à la mer Noire.* — Nous donnons cette indication afin qu'on puisse se faire une idée de la grandeur du territoire contenu sur une seule carte.

La région ou bassin de l'*Elbe*, depuis la source de ce fleuve jusqu'à son embouchure, est représentée par une série de 5 cartes de la dimension de notre *Bulgarie orientale.*

Chaque thème de cette série d'un nouveau genre est calculé en moyenne pour un travail de 4 à 6 heures. En supposant que l'élève exécute une carte par semaine, il aura construit, au bout de l'année, une bonne partie de l'Europe.

* * *

Si les cartes générales du reste du monde sont dressées, le maître pourra, à côté de ce travail spécial, faire de temps à autre des excursions rapides et provisoires en Amérique, en Afrique, en Asie, et le cours géographique d'une année présentera ainsi le caractère d'une science complète traitée dans sa totalité.

Cette réforme de la cartographie non-seulement simplifie et abrége immensément l'enseignement de la géographie, et fait de l'étude de cette science une partie de plaisir, mais encore elle permet à l'élève de l'approfondir, et d'en apprendre plus en un an que dans toute la durée du régime ancien.

Il est évident que si cette discipline est susceptible d'une réforme, cette réforme doit porter sur la cartographie. C'est aussi dans ce sens que nous avons essayé de résoudre le problème.

§ 6.

Ordonnance des leçons. — Programme mécanique de l'ancienne école. — Programme organique de la nouvelle.

Quant à l'ordonnance des leçons et l'engrènement des disciplines, voici le principe pédagogique qui devra y présider.

Le procédé généralement suivi aujourd'hui dans l'enseignement consiste à faire marcher de front toutes les sciences et toutes les langues. L'expérience nous a prouvé que ce système poussé à l'excès, comme il l'est à peu près partout, est nuisible aux études :

1° Il fatigue, il émousse les forces intellectuelles de l'enfant, 2° il engendre le désordre et la confusion dans les idées, 3° il rend impossible l'*intérêt*, l'intérêt qui vient de la science elle-même développée à grands traits, et l'intérêt qui naît du plaisir qu'éprouve le disciple à se voir avancer rapidement.

* * *

Pénétré de cette vérité que la *spécialité* est et sera toujours le secret et la condition de la force ; convaincu par l'expérience comme par le raisonnement que les facultés de l'esprit se fatiguent comme les organes du corps, et que c'est *à tort* et *contre la nature* que l'enseignement actuel exige qu'une même intelligence, pour chaque nouvelle leçon, pour chaque nouveau professeur, et pour ainsi dire à chaque heure de la journée, se produise, renaisse sans cesse avec les mêmes énergies et des forces toujours fraîches, — nous ferons une correction au procédé général de l'enseignement. Nous *spécialiserons* l'enfant successivement dans chaque discipline, en *subordonnant* momentanément à cette discipline toutes les autres.

Soit, par exemple, à enseigner l'arithmétique à un élève. Nous ne disséminerons pas ses leçons de calcul à travers le mois, ni même à travers la semaine. Au contraire, nous ferons tout notre possible pour que le calcul devienne, jusqu'à nouvel ordre, sa préoccupation dominante, unique. Il aura une leçon de calcul tous les jours, jusqu'à ce qu'il ait, par exemple, conquis les 4 règles, et que ses propres succès lui aient donné le goût de l'arithmétique et transformé l'étude en plaisir.

A côté de cette discipline particulière, sur laquelle est porté tout l'effort de l'esprit, à laquelle sont consacrées les heures de la journée où l'esprit fonctionne le mieux, à côté, dis-je, de l'arithmétique, mais en seconde ligne, marcheront les autres disciplines, dont on repassera les chapitres déjà vus. Le temps qu'on leur consacrera sera moins pour les faire avancer que pour les maintenir et les graver de plus en plus dans la mémoire, en attendant que leur tour vienne d'être poussées en avant.

* * *

Rappelons d'ailleurs, à l'appui de ce procédé, « que tout « développement intellectuel, pour être durable, doit être « soumis à une sorte d'*incubation*. Il faut que l'esprit couve « pendant un certain temps chacune de ses connaissances : « c'est une loi de la nature que la pédagogie devrait inscrire « en tête de son code. Cette incubation est une condition « essentielle de tout progrès sérieux. Ce n'est pas assez, en « effet, d'acquérir la science, il faut encore en prendre posses- « sion.

« Notre procédé est donc fondé sur la nature ; il compte « deux moments distincts :

« *Conquête d'abord et de vive force,*

« *Recueillement ensuite et prise de possession.* »

* * *

Nos trois maîtres associeront donc leurs efforts de manière que leur concours constitue ce qu'on appelle une force *organique*.

Dans l'école officielle, les programmes sont arrêtés par les ministres, ou plutôt par des secrétaires qui n'ont jamais pratiqué, ou ne pratiquent plus l'enseignement. Ils sont créés pour un temps illimité, 10 ans, 15 ans, et sans égards pour les dispositions et la force des élèves. Là, le concours des maîtres constitue une force générale que j'appelle *mécanique*.

Dans notre école au contraire, le programme est concerté entre les maîtres, et ce programme se renouvelle périodiquement selon les besoins des classes et la force des élèves, exactement comme le sang se renouvelle au gré des besoins du corps humain. Là, le concours des maîtres constitue une force essentiellement différente de la précédente, une force justement nommée *organique*.

* * *

Nous arrêterons ici l'exposé des réformes les plus urgentes à accomplir dans l'enseignement. Nous les croyons toutes parfaitement réalisables, et le moment nous semble des plus propices pour en tenter l'application.

Mais où s'en fera le premier essai ?

§ 7.

Résolution hardie d'un recteur en 1861. — Du milieu le plus favorable à la pratique du système exposé. — Somme de travail exécuté dans le collège français. — Aptitudes intellectuelles des races latines. — Désarroi en Prusse. — Projet Hartmann. — Vœu de l'auteur.

En 1861, époque où toute innovation était mal vue, un recteur, M. A. Théry, eut le courage de nous proposer d'appliquer, non pas le système entier, mais la méthode linguistique dans un des bons collèges de son académie.

Il le livrait, nous disait-il, à notre *discrétion*, la méthode devant être mise une fois à l'épreuve.

Sur quoi s'appuyait cette audace d'un homme peu hardi d'ailleurs, quoique ferme et digne ?

— Sur la reconnaissance théorique et pratique d'un enseignement qu'il suivait avec intérêt,

— Sur le témoignage à peu près universel de nos collègues entraînés par notre exemple vers l'étude des langues vivantes et les travaillant avec nous.

— Sur la faveur toujours constante des professeurs de la Faculté pour un ancien disciple,

— Enfin et particulièrement sur une approbation sans réserve, j'ose dire enthousiaste, de l'inspecteur général *Eichoff*, à la suite d'une inspection où il avait vu fonctionner notre méthode, au lycée de Caen, dans une classe de 50 élèves.

* * *

Par une étrange coïncidence, on nous offrait à la même heure en Orient une situation que nous ne pouvions raisonnablement refuser. Force nous fut donc de remercier, quoique à regret, notre brave recteur pour son offre plus que bienveillante.

Si nous avions accepté, aurions-nous réussi?

Le collége était admirablement choisi. Il comptait alors 250 internes. Comme collègues nous allions trouver d'anciens maîtres qui avaient eu jadis la plus grande influence sur nous, puis des camarades d'Université ayant bu aux mêmes sources que nous, imbus des mêmes principes, animés de la même ardeur.

Malgré tous ces avantages, nous doutons aujourd'hui que nous eussions pu triompher de tous les obstacles que l'organisation officielle aurait dressés devant nous. Le règlement général ne pouvait pourtant pas être bouleversé dans la mesure que l'indique ce mémoire. On nous aurait accordé 2 heures, peut-être 3 heures par semaine, et quelque zèle que nous eussions déployé, ne pouvant naturellement empiéter sur le domaine de nos collègues, nous n'aurions certainement pas fait produire au système tous les fruits qu'il peut porter.

Ce que nous pouvions espérer, c'était de faire remarquer notre travail une seconde fois par l'inspecteur général, qui se serait peut-être fait un devoir de publier les résultats obtenus et d'attirer sur eux l'attention du ministère.

Mais si l'on réfléchit d'autre part au sort qu'ont éprouvé sous le régime impérial les projets les plus généreux; si l'on songe que toute idée un peu libérale était systématiquement arrêtée et étouffée dans son germe, on ne pourra que nous approuver d'être allé mûrir notre conception sous le soleil de l'Orient.

* * *

Depuis lors l'histoire a marché.

La réforme de l'école est chez tous les peuples la question à l'ordre du jour. Chaque municipalité l'appelle comme un remède souverain au malaise social. Partout le ministre de l'instruction publique prime ses collègues. Tous les yeux sont tournés vers lui. Jamais partie fut-elle plus belle?

En France, il a devant lui des écoles nouvelles à fonder, d'anciens colléges communaux à ressusciter. Mais pour opérer ces créations et ces résurrections, il n'a à sa disposition que les anciens procédés, lesquels ont tué les colléges communaux.

Pourquoi n'examinerait-il pas les procédés nouveaux qui lui sont offerts? Pourquoi ne se hasarderait-il pas à en faire l'essai sur le cadavre d'un de ces colléges moribonds, dont les municipalités portent déjà le deuil? Un ministre de la république aurait-il moins d'initiative qu'un fonctionnaire subalterne sous le régime soupçonneux de l'empire? Le ministre d'un état libre reculera-t-il devant un essai dont un timide recteur, il y a tantôt 20 ans, en plein despotisme, osait prendre la responsabilité?

. . .

Nous avons étudié et enseigné chez la plupart des peuples d'Europe : tout chauvinisme à part, nous dirons, et personne n'osera nous contredire, que c'est en France où la jeunesse travaille avec le plus de courage et de persévérance. Il n'est pas un de nos colléges qui n'impose à l'enfant 11 heures d'étude par jour. Je demande quelle est l'école, même en Allemagne, qui en impose 8?

Par conséquent, si notre système est appelé à réussir quelque part, c'est en France. Tous nos vœux sont donc pour que l'expérience en soit tentée dans le pays même qui l'a produit.

. . .

Le français n'est pas moins doué pour les langues que pour les sciences. N'ajoutez pas foi à ces jugements de peuples fanfarons qui taxent les races latines d'incapacité linguistique. Nous qui avons manié des intelligences formées sous toutes les latitudes, nous affirmons que la race latine ne le cède à aucune autre pour la souplesse, la docilité et la force, quelque soit la discipline à laquelle on l'applique.

Les peuples de l'Orient, auxquels nous attribuons volontiers des aptitudes spéciales pour l'étude des langues, ne parlent si bien la nôtre que parce qu'ils ne possèdent pas la leur.

Le français est la langue maternelle de toutes les familles étrangères qui voyagent sur le continent. Il ne faut pas se laisser prendre aux apparences. Nos meilleurs élèves pour les langues anciennes et modernes ont presque toujours été des français.

Mettez entre les mains de cette nation un instrument pratique, une méthode logique et sensée, et vous verrez si elle brillera moins dans les sciences linguistiques que dans le travail de l'industrie.

N'est-il pas temps de faire justice de toutes ces fausses généralisations qui ne reposent que sur la vanité nationale, et que l'ignorance seule maintient et propage ?

* * *

L'école allemande est en proie au même tourment que la nôtre. Au dire des humanistes, le mal serait plus profond encore. Les études classiques sont tellement délaissées qu'on songerait à les supprimer. Un projet a été rédigé dans ce sens par M. de Hartmann.

L'auteur pose comme nous en principe que l'exercice des disciplines classiques ne doit pas occuper les enfants plus de 3 heures par jour. Mais pour arriver à ce but, il ne cherche pas comme nous à réformer les méthodes : il jongle un moment avec les heures et les leçons, à la manière accoutumée des ministres, et supprimant sans pitié tout ce qui est trop grand pour son cadre, il le met à la charge des parents. Les enfants sont rendus à la famille dès midi. Les *devoirs* ou *tâches* d'école étant nuls, chacun peut consacrer le reste de la journée à l'apprentissage d'un métier.

Nos ministres rusent également avec les heures et les leçons, prenant au latin pour donner à l'allemand, retranchant à la géométrie pour ajouter à l'histoire, etc.

En France cela s'appelle *révolutionner* l'enseignement. Là, du moins, nul n'a osé jusqu'ici décréter la déchéance absolue d'aucune discipline, pas même du grec.

A nos yeux, ces hommes, tous de bonne volonté d'ailleurs, ne ressemblent pas mal à des ingénieurs qui, dans le but d'améliorer ou de raccourcir un chemin, s'évertueraient à en déplacer les bornes.

M. de Hartmann, lui, les arrache tout-à-fait, croyant par là supprimer la distance elle-même.

* * *

Que si notre système donnait tout ce qu'il promet, on peut se demander quel parti en tirerait l'Allemagne.

Ce système ne peut bien prospérer que sous un régime de liberté, car il porte en lui deux menaces de mort pour le despotisme : l'initiative municipale et l'initiative individuelle. Nous ne croyons donc pas qu'il puisse s'acclimater ailleurs que dans une république.

Et sa place y est toute marquée : c'est un collége communal qui doit en faire l'essai, ou bien une des écoles nouvelles qu'on se propose de fonder, et que nous avons provisoirement nommées *écoles cantonales*.

Seuls les peuples libres sont capables et dignes d'avoir de bonnes écoles.

A ceux qui professent la religion de la force brutale doivent suffire les joies du camp et de la caserne.

CHAPITRE V

L'APPRENTISSAGE PROFESSIONNEL

§ 1.

Programme de l'école professionnelle. — Trois métiers spéciaux à étudier. — Degré de l'apprentissage. — Maîtres et contre-maîtres.

Par les disciplines précédentes la jeunesse est munie à peu près de ce qu'il faut pour penser *vrai* et vouloir *juste* ; mais elle n'est armée ni pour le combat de la vie ni pour celui de la liberté. Le plus nécessaire lui fait donc défaut. C'est cette lacune que l'apprentissage des métiers est appelé à combler.

Cette dernière discipline pourrait faire la matière d'un riche volume, c'est pourquoi nous ne lui donnerons ici que quelques pages.

* * *

1re question. — *Quels métiers figureront au programme de notre école professionnelle ?*

Travailler le bois, les tissus, les métaux, les minéraux, la terre, n'est-ce pas chose que tout le monde devrait savoir ? Raboter, tourner, tisser, forger, limer, polir, modeler, labourer, n'est-ce pas la vraie gymnastique qui convient à l'adolescent ? S'il en est une capable d'embellir et d'anoblir le corps, n'est-ce pas celle qui développe le sens pratique, forme le coup d'œil, rend la main souple, ferme et adroite ?

* * *

La gymnastique aristocratique et stérile du trapèze et des anneaux peut-elle lui être comparée ? Cette initiation aux arts pratiques de la vie, loin d'être préjudiciable à la santé et aux mœurs, n'en est-elle pas la sauvegarde naturelle? N'est-ce pas elle qui mêle au sang ces paillettes d'or pur dont parle Platon?

Donc tous les métiers qui ont à leur base ces exercices élémentaires pourront et devront être enseignés.

Parmi ces exercices, les uns seront généraux, les autres spéciaux. En effet, chaque région, chaque localité a ses industries propres. L'école cultivera donc particulièrement les arts et métiers exercés dans le milieu où elle fonctionne. Nous estimons que chaque adolescent devrait, en sortant de l'école, posséder les éléments de trois métiers divers, et avoir ainsi, comme on dit, trois cordes à son arc. Les crises comme celle que nous traversons, nous enseignent qu'un homme peut périr de faim ou de misère, lui et sa famille, s'il n'est apte qu'à un seul métier.

L'instabilité du marché industriel impose de plus en plus impérieusement aux travailleurs cette connaissance de plusieurs métiers.

Ajoutons que certaines industries sont plus ou moins favorables à la santé, et qu'il serait souvent indispensable que les ouvriers qui les exercent puissent passer alternativement à des métiers différents, souvent même chaque période de la vie exigerait un changement d'état.

* * *

2e question. — *Jusqu'à quel degré l'école conduira-t-elle l'élève dans la connaissance des métiers?*

Devant le travail des machines, l'apprentissage régulier des métiers a disparu ou va disparaître. Les jeunes gens et les jeunes filles, en entrant dans l'industrie, sont astreints à l'exercice d'une fonction qui limite leur connaissance à un détail infime du métier qu'ils s'imaginent apprendre.

Par exemple, dans l'horlogerie, tel apprenti aura la spécialité des roues, tel autre la spécialité des ressorts, un troisième celle des cuvettes, aucun n'aura appris l'état d'horloger.

Le même vice se retrouve dans les industries des femmes :

l'une n'a jamais appris à fabriquer que des tiges de fleurs, l'autre ne sait que découper des pétales, nulle ne saura composer ni une parure ni une fleur complète. Que la mode change ou qu'une crise sévisse, et voilà toute une génération de travailleuses obligée de chômer ou d'apprendre un nouvel état.

En outre, « cette spécialisation exagérée, cette division ex« trême du travail porte un préjudice considérable à l'in« dustrie elle-même, qui voit peu à peu disparaître les ouvriers « complets, lesquels meurent sans être remplacés. » (*L'Ecole nouvelle, par M. Francolin. — Compte rendu du Congrès de l'enseignement libre. — Discours de M. Desmoulins*).

* * *

C'est à l'école qu'incombe la belle et glorieuse tâche de doter, à la façon des fées d'autrefois, de doter l'enfant d'un fonds personnel et d'un capital inaliénable, sous la forme d'aptitudes à divers arts et métiers : j'entends des aptitudes réelles et *acquises*.

C'est à l'école qu'il appartient de sauver la supériorité française dans les industries nationales, en mettant notre jeunesse en possession d'une sérieuse et solide éducation technique.

* * *

Le *Congrès libre de l'enseignement* a émis le vœu que l'éducation technique ait en vue, non peut-être l'apprentissage d'un métier spécial, mais l'acquisition des procédés généraux du travail.

Ce vœu nous paraît pécher par la modestie. A mon sens, l'école peut donner et donnera davantage. Si elle abandonne quatre heures par jour aux exercices professionnels, si d'ailleurs elle a recours à des procédés pratiques, l'intérêt d'un patron ou les exigences d'un client ne venant jamais contrecarrer les efforts de l'apprenti et l'interrompre dans la suite de son travail, nous sommes convaincu que l'adolescent, au bout d'une année, sera bien près de connaître l'essentiel d'un métier donné, et pourra sans crainte prétendre au moins à l'ancien grade de compagnon.

Certainement à 16 ans, dans une école bien conduite, le jeune homme possèdera les principes et la pratique de trois métiers à son choix.

N'oublions pas que notre apprenti n'est plus un apprenti vulgaire, et que ses énergies techniques seront puissamment secondées par ses énergies intellectuelles et morales développées ou acquises à l'école classique du matin.

* * *

3° Question. — *A qui confiera-t-on l'enseignement professionnel ?*

Provisoirement la Commission scolaire s'entendra avec les meilleurs ouvriers de l'endroit, lesquels viendront aux heures convenues diriger les travaux. Le début seul sera onéreux, car l'école trouvera bientôt dans les élèves des hautes classes de véritables contre-maîtres; et ceux-ci, en surveillant les ouvrages et les dirigeant au besoin, réduiront considérablement les difficultés et les frais de l'enseignement proprement dit.

A un moment donné, l'école produira des *maîtres-es-arts* qui assureront à la nouvelle institution une marche décidément régulière. Les procédés de l'école deviendront une tradition vivante qui fera une guerre acharnée à la routine, ira se perfectionnant d'année en année, et finira par devenir pour la contrée un véritable instrument de prospérité et de richesse.

§ 2.

Influences des exercices professionnels sur les exercices purement intellectuels et sur la santé physique et morale de la jeunesse.

Les études scientifiques ont avec la pratique des métiers des rapports immédiats, exercent sur elle une influence incontestable et incontestée. La science marque le but et prescrit les moyens, le métier les réalise; la science conçoit, le métier exécute; la science est au métier, ce que la pensée est à la main.

A son tour le métier exercera sur la science une action des plus salutaires. Les disciplines professionnelles serviront de leste aux disciplines dites classiques.

Une science qui a l'air de ne s'appliquer à rien et de n'aboutir à aucun fait pratique, a en soi quelque chose de futile et de ridicule. Pour se faire accepter, elle est obligée de recourir à je ne sais quelle autorité d'emprunt. Il y a là un contraste qui porte naturellement à rire. L'enfant a de la peine à prendre cette autorité au sérieux. De là sa tendance à jouer pendant les classes; de là en partie l'*indiscipline.*

Pourquoi tel enfant, souvent charmant au dehors de la classe, éprouve-t-il si vivement le besoin de faire l'espiègle, sitôt qu'il est en classe? C'est que devant lui se produit une sorte d'antithèse qui, non-seulement prête au rire, mais l'excite et l'invite à naître.

On peut remarquer que ce sont toujours les maîtres les plus raides et les plus solennels qui ont le plus à punir, et autour desquels se commet le plus d'espiègleries. Le maître *bon enfant*, celui qui n'a pas l'air de se prendre lui-même au sérieux, qui badine volontiers avec sa classe, et qui traite la science, comme on dit, *cavalièrement*, a rarement besoin de sévir. Le pédantisme est la première cause de l'indiscipline.

* *
*

Hé bien, le *pédantisme*, c'est-à-dire cette majesté menteuse dont s'affublent certains maîtres pour se dissimuler à eux-mêmes ce que leur rôle a d'insignifiant au point de vue utilitaire, le *pédantisme* disparaîtra devant l'école professionnelle.

Désormais le collége se présentera comme un livre en deux chapitres, le premier préparant le second en s'appuyant sur lui, le second expliquant le premier, et le justifiant en le démontrant fécond.

Les deux disciplines se tempèreront l'une par l'autre, et en se rendant des services mutuels, finiront par devenir nécessaires l'une à l'autre. Ce jour-là le mot *indiscipline* deviendra incompréhensible à l'école, et le terme *pensum* sonnera comme un *barbarisme.*

L'élève vouera toutes ses énergies aux sciences pures, en vue de l'application plus ou moins immédiate qu'il doit en faire dans le métier exercé par lui. Pas un détail de la science ne lui paraîtra oiseux. Il aura pour cette science tous les égards et tous les soins d'un bon ouvrier pour son outil principal.

L'étude des langues et des lettres alternant avec de sérieux exercices manuels sera accueillie par lui comme une récréation morale.

On nous assure que les élèves de l'école professionnelle de la rue Tournefort à Paris, non-seulement réalisent cet idéal quant à la discipline, mais encore auraient remporté des victoires signalées dans les derniers concours littéraires et scientifiques : nous le croyons sans peine. Que serait-ce alors, si cette école appuyait ses études classiques sur des méthodes rationnelles?

On est en quête de moyens qui retiennent l'adolescent à l'école. La tyrannique Allemagne et le despotisme de certains cantons de la libre Suisse n'ont pas eu honte de recourir à l'amende et au gendarme.

Par son attrait et son *utilité immédiate* l'ÉCOLE PROFESSIONNELLE ne résout-elle pas le problème d'une manière plus sûre et plus directe, et surtout plus digne de la science et de la liberté ?

* * *

L'exercice professionnel n'est pas seulement favorable au développement intellectuel de l'enfant ; c'est encore, et sans contredit, le préservatif le plus efficace de sa santé physique et morale.

La précocité des passions du sang, au collége comme au séminaire, est connue de tous ceux qui ont passé par l'internat. Cette précocité pernicieuse a sa cause première et aussi sa cause seconde dans la position contre-nature que l'école classique impose à l'enfant pendant les $^{9}/_{10}$ de la journée.

L'enfant est assis ou plutôt cloué sur un banc onze heures par jour !...

Comment la médecine a-t-elle pu, jusqu'aujourd'hui, autoriser et consacrer par son silence un abus, que l'on aurait le droit d'appeler un crime de lèse-nature ?

Avez-vous assisté, à l'Exposition, au curieux tournoi des fabricants de bancs d'école? Vous aurez beau incliner à point les dossiers, creuser sur mesure deux assiettes en chaque siége, multiplier les ressorts qui le haussent et l'abaissent, tous ces artifices coûteux n'empêcheront pas vos chefs-d'œuvre d'être des instruments de supplice.

Cette ménuiserie pédagogique fait pitié à la vraie pédagogie. Rendez-nous plutôt nos vieux bancs avec la liberté de nous mouvoir et d'écrire sur nos genoux, et promettez-nous seulement des leçons mieux remplies et partant plus courtes. Que nous importent vos chaises tournées et vos tables dorées et polies?

Ce bloc enfariné ne me dit rien qui vaille.

Au contraire, cet excès de recherche trahit des intentions hostiles à l'endroit du besoin le plus impérieux de notre nature. Ces siéges creusés avec tant d'art sont faits en vue de nous retenir plus longtemps et plus immobiles que jamais. Les entrepreneurs et concessionnaires peuvent trouver leur compte dans ce luxe aussi inutile que ridicule, nous ne pouvons y trouver le nôtre.

Ce qu'il nous faut à nous, ce que nous voulons, c'est du *mouvement*. Que si vous jugez à propos de nous en refuser le *droit*, avisez à nous l'imposer comme *devoir*.

* * *

L'enfant est fait pour le mouvement : le mouvement est le dérivatif qui emporte le trop plein de sa vie : c'est pourquoi la pédagogie officielle condamne l'écolier à demeurer plus immobile que le plus impotent des vieillards!...

Où se réfugieront la sève et la force vitales, si la circulation normale est empêchée, paralysée? — Elles iront au cerveau, et puis?...

Prenez garde ; là où s'accumulent trop de matières inflammables, l'incendie est inévitable.

Dans la plante, la sève monte et descend ; dans l'arbuste humain la force vitale obéit à la même loi. Que si vous supprimez artificiellement le second mouvement, le végétal crève ou s'atrophie.

Religion, confession, raison, tout sera également impuissant à conjurer la crise.

Quand un vin généreux fermente au tonneau, il faut lui donner de l'air, sinon les cercles finissent par sauter ; le véritable dérivatif de l'effluve humain, ce n'est pas la prière devant l'autel, c'est la prière du travail, c'est le travail manuel, c'est le mouvement utile, c'est l'effort, c'est la fatigue et la sueur qu'elle provoque.

Que si l'exercice professionnel préserve les mœurs, sauve l'âme en fortifiant le corps, en épurant le sang, qu'il soit béni, qu'il fasse partie de la religion de l'avenir, et que chaque outil de l'industrie soit consacré comme blason d'une noblesse nouvelle, celle du travail,

La vraie noblesse, celle-là !

§ 3.

Disciplines communes à toutes les écoles : Agriculture, commerce, pédagogie et maîtrise, imprimerie.

Il a été dit que chaque école exerce des métiers spéciaux déterminés par les produits, les besoins et les traditions du pays. Toutefois, il en est quatre qui devraient être communs à toutes les écoles. Loin de gêner et d'entraver le jeu des autres, ils en sont, ou bien la condition première, ou bien le couronnement suprême.

Ces métiers ou plutôt ces arts sont :

1° l'agriculture,

2° le commerce,

3° la pédagogie et la maîtrise,

4° l'imprimerie.

* * *

1. — L'Agriculture. — Cultiver la terre, rendre le sol fécond est un art que tout homme doit connaître. C'est la première des professions, la plus honorable peut-être, comme étant celle

qui assure à l'individu le plus d'indépendance et le plus de liberté.

Le cultivateur nourrit l'espèce humaine, et ne relève guère lui-même que des caprices de l'atmosphère. Les autres hommes sont esclaves les uns des autres, sans être moins esclaves des éléments.

Mais pour que l'école puisse enseigner l'agriculture, il faut ou qu'on lui donne, ou qu'on lui prête, ou qu'on lui loue quelques hectares de terrain. Nous ne doutons nullement que l'une de ces conditions ne puisse être facilement réalisée. Maintes églises ont eu et ont encore un domaine propre, pourquoi l'école n'aurait-elle pas le sien ?

* * *

2. — Le commerce. — Il ne suffit pas de produire ou de faire produire, il faut encore savoir placer ses produits. La science du commerce est donc le complément indispensable de toute école professionnelle. Sous ce rapport on ne manque pas de modèles à suivre. L'ancienne école de Mulhouse, transférée à Lyon depuis l'occupation de l'Alsace, et dirigée par M. Penaud, est un idéal qu'il suffit de copier.

* * *

3. — La pédagogie et la maîtrise. — On ne possède vraiment une science ou un art qu'après les avoir enseignés soi-même. Chacun répète cette vérité, et pas une école ne s'y conforme.

Donc, chez nous, les élèves des classes supérieures joueront le rôle de maîtres auxiliaires, tant pour les disciplines classiques que pour les professionnelles.

Nous avons démontré que le maniement de nos méthodes classiques (1re *partie*) est à la portée de tout le monde. De ce chef donc point de difficulté. Nous avons établi de même que l'adolescent, après une année d'exercices professionnels, peut servir avantageusement de contre-maître. Le corps enseignant trouvera ainsi dans ses propres élèves autant et plus d'auxiliaires qu'il n'en a besoin. Chaque maître pourra être secondé par 3 et 4 répétiteurs ou surveillants.

Comme on le voit, notre école opère ici en vérité le miracle de la multiplication des pains. Et ce miracle, nous l'espérons, fera réfléchir le pédantisme qui serait tenté d'attaquer notre système, en se basant sur l'insuffisance de notre trinité pédagogique.

* * *

4. — L'IMPRIMERIE. — Toute école digne de ce nom doit être servie par une ou plutôt par deux presses : l'une typographique, l'autre lithographique.

Une des grandes causes de l'inertie, je dirais du *quiétisme* de l'Université, est l'impossibilité où se trouve chaque professeur d'éditer les livres et les méthodes, qui pourraient faciliter son enseignement.

Devant cet obstacle, le maître ressemble à un Hercule auquel on aurait coupé les bras ; il ne songe pas même à faire usage de sa force ; il attend tout de l'initiative de l'Etat, livres et idées.

L'imprimerie est à l'école ce que la roue est au char, ce que la voile est au navire.

Une école qui se respecte, qui croit au progrès, et qui a foi dans ses forces, doit être en état de publier sa pensée et de faire ses livres elle-même.

Nous regardons l'imprimerie comme le premier des organes de l'école projetée par nous, un organe si essentiel qu'elle ne peut ni exister ni être conçue sans lui.

En effet, qui éditera les méthodes linguistiques, historiques, scientifiques, géographiques, etc...?

Nous-même avons perdu 20 ans de nos efforts, faute d'avoir su recourir à temps à cet auxiliaire indispensable.

Donc à côté des répétiteurs et des contre-maîtres nous formerons des compositeurs et des protes. Les deux premiers instruments qui figureront dans l'atelier professionnel seront deux presses, et chaque élève débutera par leur maniement. Et quand une conception scientifique ou autre sera jugée bonne et utile,

10, 20 écoliers voleront aux casiers, et en quelques heures la feuille désirée jaillira des presses.

* * *

Voilà l'organisme complet de notre école.

Ainsi pourvue, elle pourra vivre, agir et se perpétuer. Mais une pareille institution exercera nécessairement une influence sur son milieu, réagira sur la municipalité elle-même. Quelle sera cette influence, et comment se traduira son action?

§ 4.

Externat et tutorat. — Conférences publiques données par les trois maîtres. — Le Messager de l'Ecole. — Bulletin scolaire. — Chronique politique. — Feuilleton scientifique. — Théâtre et musique.

L'école communiquera avec la municipalité et les familles par trois voies principales, la jeunesse fréquentant l'école, la parole des maîtres, et une feuille hebdomadaire qu'on pourra appeler le *Messager de l'Ecole.*

— La jeunesse sera libre; l'internat ne sera qu'une exception, et là où il sera nécessaire, il se transformera en tutorat, c'est-à-dire que l'enfant ne quittera sa famille que pour entrer dans une autre. L'internat offre sans doute quelques avantages, mais ils sont trop chèrement payés. Le régime spartiate ne nous paraît point du tout l'idéal de la société humaine. Ni le cloître ni la caserne, avec les vices et les miasmes qui s'y développent, ne conviennent à des êtres libres.

L'école et la famille seront donc en communion permanente. L'enfant sera le canal par lequel les principes de la science et de la morale iront aux familles qui peuvent en avoir besoin.

— Des conférences publiques et régulières seront organisées, dans lesquelles les trois maîtres exposeront ce que les sciences, les lettres et les arts peuvent avoir d'intéressant et d'utile pour les populations ouvrières, et tiendront celles-ci au courant de toutes les découvertes et des actes importants de la vie des peuples.

Chacun pourra parler une fois par semaine sans crainte de se prodiguer, et les conférences des 6 mois de l'hiver constitueront une sorte d'encyclopédie scientifique, qui vaudra mieux que des lectures solitaires, sera plus riche en faits et en principes, et portera plus de fruits.

— Enfin chaque samedi un bulletin général sorti des presses de l'école ira porter aux familles le compte-rendu des travaux de la semaine. Il pourra même remplacer l'ancien *cahier d'honneur*, et recevoir les compositions et *devoirs* remarquables des élèves.

Cette publicité sera un aiguillon bien autrement puissant que tel ou tel concours général, qui n'offre guère plus de chance qu'une grande loterie, et dont le résultat proclamé aujourd'hui sera oublié demain.

D'ailleurs, il n'y aura que des vainqueurs et point de vaincus; et le livre d'or étant ouvert à tous une fois par semaine, soyez sûr qu'il se trouvera plus d'un Thémistocle que les lauriers de Miltiade ne laisseront pas dormir.

* * *

Au bulletin pédagogique *Le Messager de l'Ecole* joindra un bulletin politique, où seront consignés et librement commentés les événements du jour et les projets des gouvernements.

N'est-il pas juste, n'est-il pas désirable que les peuples prennent connaissance des vues et moyens de leurs mandataires? Le propriétaire peut-il rester indifférent aux procédés de son fermier ? Et quelle tribune plus autorisée que celle de la science et d'une honnêteté couronnée par l'élection pourra informer, éclairer, régler l'opinion de chaque canton ?

En guise de feuilleton, le *Messager de l'Ecole* développera, tantôt un thème de droit et de morale, tantôt un important chapitre d'histoire, quelquefois l'analyse et la critique d'un chef-d'œuvre de l'art, l'école ne devant pas oublier un instant les devoirs de la haute mission que résume le mot *instruire*.

* * *

Pour jouir d'une œuvre d'art, l'habitant de la petite ville est condamné à entreprendre le voyage toujours coûteux de la capitale. Pourquoi l'école ne développerait-elle pas dans la mesure du possible le goût et le sentiment artistiques? Pourquoi les élèves des hautes classes, dans des jours solennels, ne reproduiraient-ils pas devant leurs familles réunies les conceptions des grands maîtres, comme cela se pratique dans les villes qui ont une vie propre, celles de la Suisse par exemple?

Pourquoi la province serait-elle privée des leçons du théâtre et des charmes divins de la musique?

* * *

Ainsi la vie intellectuelle et morale s'épandra de son foyer naturel, l'école, et rayonnera sur le canton qui en aura fait son cœur; et le canton s'acquittera envers l'école, en l'honorant d'une sympathie dévouée, et lui prêtant un concours moral, sans lequel tous les efforts de la science resteraient stériles.

CHAPITRE VI

LE BUDGET SCOLAIRE

§ 1.

Résurrection assurée du collège communal. — Avantages de la nouvelle école. — Sa supériorité incontestable. — Son triomphe sur le lycée actuel.

Soumis à la double influence d'une pédagogie dévouée et entendue, et d'une municipalité aussi vigilante que résolue, le collége communal reviendra-t-il à la vie?

Pourvu de toutes les disciplines réclamées par les besoins modernes, armé de méthodes rationnelles et infaillibles, que pourra-t-il envier au lycée le plus largement doté?

Quel intérêt le père de famille aura-t-il désormais à arracher son enfant au giron maternel, pour le livrer à des mains étrangères, pour le confier à des fonctionnaires inconnus, sans cesse renouvelés, toujours *indifférents*? Quel profit trouverait-il ou quel honneur, à dépenser 2.000 ou 3,000 francs pour une éducation que sa ville natale ferait meilleure et plus complète pour 50 fr.?

Eprouverait-il du plaisir à condamner son enfant à passer l'âge d'or de la vie entre les murailles glacées de ce qu'il nommera pendant dix ans, peut-être toute sa vie, le *maudit cachot?*

Ou bien encore, croirait-il faire son bonheur, en l'accoutumant, dès l'âge le plus tendre, à se passer de son père et de sa mère et à oublier sa famille?

Serait-ce enfin le nom de *lycée* qui le fascinerait, qui lui en imposerait, qui flatterait son amour-propre? Celui de collége aurait-il pour lui un sens trop bourgeois, un son trop vulgaire?

* * *

Quoi qu'il en soit, l'humble collége communal muni d'un organisme identique ou analogue à celui que nous venons de décrire, pourra défier le lycée le plus avantagé. Il le défiera pour les langues, il le défiera pour les sciences, il le défiera pour les lettres, il le défiera pour les arts professionnels que la haute école dédaigne et dédaignera peut-être longtemps encore.

A dix-huit ans le lycéen n'est encore qu'un *lycéen*; à dix-huit ans le collégien sera déjà un *homme*.

Un père qui voudra prendre la peine de voir fonctionner les classes du nouveau collége, et d'observer le mécanisme de ses méthodes; qui sera curieux de suivre les manœuvres de la jeunesse à l'atelier: ce père, s'il a un fils à faire instruire, certainement ne balancera pas un instant entre le lycée tel qu'il est aujourd'hui et l'humble collége communal *réédifié à neuf*.

La résurrection du collége communal est donc un miracle parfaitement réalisable. On peut le considérer comme le produit de deux facteurs: la réforme des méthodes et la ferme volonté des municipalités.

Les méthodes sont trouvées, les municipalités voudront, et le miracle sera accompli.

§ 2.

Recettes et dépenses. — Equilibre du budget. — Rétributions des trois maîtres. — Le casuel. — L'école des filles. — Budget de l'école professionnelle.

Les constructions achevées et justifiées, il reste à mettre la dépense en regard du budget, et à chercher l'équilibre. Ce calcul a déjà été ébauché plus haut, mais avant le tracé des plans, par conséquent d'une manière approximative et simplement à titre de devis. Si nous en demeurions là, on pourrait nous accuser d'avoir compté sans notre hôte; c'est donc un thème à reprendre.

* * *

La ville alloue à son collége une subvention de 10,000 fr. La rétribution scolaire est de 5 fr. par mois ou 60 fr. par an, et les classes sont fréquentées par une moyenne de 170 enfants. N'oublions pas en effet que le nombre ordinaire des élèves tendra à s'accroître, sitôt que le collége deviendra une école d'apprentissage.

170 × 60 = 10,200 francs, disons : 10,000 francs.

Budget total = 10,000 + 10,000 = 20,000 francs.

Sur cette somme nous prélevons 12,000 fr., que nous affectons au traitement fixe des trois maîtres, lesquels reçoivent ainsi chacun 4,000 fr.

L'établissement leur assure en outre un logement confortable, et tient ses presses à leur disposition pour l'impression de de leurs ouvrages.

Dans cette combinaison, il y a place encore pour une sorte de *casuel*, dont les sources principales sont :

1° la publication à peu près gratuite des livres des maîtres,

2° le produit du *Messager de l'École*,

3° le tutorat pour ceux qui voudront se charger de quelques pensionnaires.

Une 4e source est une 2e école, parallèle à la première et aussi nécessaire qu'elle :

L'ÉCOLE DES FILLES.

Si nous n'en avons pas parlé jusqu'ici, c'est parce que son organisation doit être entièrement calquée sur celle des garçons.

* * *

Il importe au plus haut point de stimuler le zèle des professeurs, en ouvrant à leur activité des voies et des perspectives analogues à celles que l'industrie offre à ses adeptes.

L'activité dans la tranquillité, voilà l'idéal d'une vie de professeur. Sans tranquillité il n'y a pas d'œuvre intellectuelle possible, et sans un mobile d'activité la tranquillité dégénère vite en quiétisme.

Pour naviguer, il ne suffit pas de lester et de gréer un navire, il faut tendre la voile et chercher le vent. Au meilleur coursier il faut l'éperon, à l'attelage le plus vigoureux il faut l'aiguillon.

La tranquillité d'esprit sera garantie par le traitement fixe, le *casuel* répond de l'activité.

* * *

Dans notre système, le travail classique des garçons s'accomplit en cinq heures. Le maitre dispose donc du reste de sa journée. Il l'offrira au *Collége des jeunes filles.*

Le matin sera consacré aux études classiques chez les garçons, aux exercices professionnels chez les filles ; l'après-midi sera donné aux études classiques chez les filles, aux exercices professionnels chez les garçons.

Pour beaucoup de raisons que nous ne pouvons développer ici, nous sommes absolument opposé à la réunion des sexes dans l'école dite *secondaire.* L'homme et la femme sont deux pôles qui, à un moment donné, doivent se repousser au lieu de se rapprocher.

Que si l'on met en avant le grand mobile de l'émulation, nous dirons que le bulletin scolaire du *Messager de l'école* est une arène, où les deux sexes pourront se mesurer avec infiniment plus de convenance que sur les bancs du collége.

D'ailleurs le mobile de l'émulation n'est, selon nous, qu'un mobile très secondaire, et n'a le droit de primer ni le côté esthétique ni le côté moral de l'éducation.

La femme est une fleur à laquelle la poussière des grands chemins est redoutable, et qui a besoin du demi-jour pour s'épanouir dans toute sa grâce.

* * *

Les maîtres classiques rétribués, il reste 8000 fr. dans la caisse scolaire : il en restera 10,000, 12,000 peut-être et plus encore, si les mêmes professeurs peuvent servir les deux écoles.

A quoi sera affectée cette somme ? Evidemment à l'enseignement professionnel. Cette ressource suffira-t-elle ? Nous en sommes convaincu, si la chose est conduite avec discernement.

Les recettes balancent donc les dépenses. Le problème de l'équilibre du budget est donc résolu.

Quel motif pourrait encore faire hésiter les municipalités ? — Un scrupule peut-être : on demandera l'école *gratuite*.

CHAPITRE VII

GRATUITÉ ET OBLIGATION

§. 1.

Un pastiche du despotisme prussien. — 66 et 70. — Les deux magisters. — Le credo de Bismarck. — Propos d'officiers prussiens en 66. — Une rage concentrée. — La cible d'essai. — L'infâme littérature. — Les vrais maîtres d'école de Sadowa et de Sédan. — La brutalité couronnée.

L'école gratuite, c'est là un vœu assurément fort respectable, respectable comme tout ce qui vient d'un sentiment généreux, mais redoutable, mais pernicieux, je dirai fatal comme tout ce qui consacre une iniquité et un principe immoral.

Jusqu'à quand nos hommes politiques, trompés par l'apparence, et toujours ignorants des choses d'outre-Rhin, prendront-ils un instrument de despotisme pour un instrument de liberté ?

Jusqu'à quand s'obstineront-ils à voir, dans la législation scolaire d'un militarisme sans frein, d'un absolutisme sans honte, un idéal digne d'être copié par la France ?

Jusqu'à quand emprunteront-ils les institutions du Césarisme pour en doter un Etat libre ?

Si le despote octroie jamais un bienfait au peuple, croyez-vous qu'il le fasse par amour du peuple ? par conséquent croyez-vous que ce soit un bienfait ?

Timeo Danaos et dona ferentes.

* * *

Je vous entends : — 66 et 70.... ! 66 et 70 n'est-ce pas le magister prussien battant successivement le magister autrichien puis le magister français ? N'est-ce pas l'école gratuite, c'est-à-dire *servile*, battant l'école rétribuée, c'est-à-dire *libérale ?*

Pauvres gens ! et pauvre raison d'hommes politiques !

L'école serait-elle donc faite pour inculquer aux enfants le besoin d'égorger leurs semblables ? Est-ce là sa haute mission ?

Le carnage des batailles, puis l'annexion par *droit de conquête*, c'est-à-dire la spoliation, puis le mépris et l'écrasement des peuples et des libertés ! Est-ce l'école qui donne aux vainqueurs le goût de ces horribles choses ? Et distinguez-vous là un signe de supériorité ?

Est-ce à ce titre que vous voudriez introduire le monstre dans nos murs comme une arche sainte ou un autre *Palladium* ?

O miseri quanta insania cives !

Connûtes-vous donc jamais l'école prussienne *gratuite et obligatoire* de 52 à 70 ? En fîtes-vous jamais la comparaison avec nos modestes écoles françaises ?

Si non — de quel droit votre ignorance déclare-t-elle celles-là supérieures à celles-ci ?

D'où nous vient ce travers de nous dénigrer devant tous les peuples, jusqu'à leur faire croire *de bonne foi* qu'ils sont plus moraux que nous, plus libres que nous, plus généreux que nous, plus savants que nous, meilleurs enfin que nous ?

Ce long et abominable credo

que Bismarck et sa bande imposent à l'Allemagne depuis 58 ; Ce poison, ce *Gift* international, comme Alexandre de Humboldt nous le caractérisait un jour, qu'une infâme ambition, depuis 30 ans, distille goutte à goutte aux peuples d'outre-Rhin.

* * *

Nous avons connu et fréquenté, de 54 à 59, les hommes qui devaient composer et qui composent aujourd'hui le cortége du chancelier de toutes les Allemagnes, majors et ambassadeurs. Nous avons même eu l'honneur de donner des leçons à quelques officiers supérieurs qui n'auront pas oublié notre nom.

Savez-vous sur quelle parole nous nous séparions chaque soir dès l'année 56?

Nous voulons la guerre, s'écriaient-ils avec rage, *nous voulons la guerre avec la France — nous aurons la guerre — nous vous battrons, battrons — nous reprendrons l'Alsace. Meure seulement notre trop doux roi*, et *vienne le Prince de Prusse!...*

Arriva la démence du roi, puis la régence, puis la guerre d'Italie, puis la mobilisation soudaine de toute l'armée prussienne, puis la paix plus soudaine encore de Villafranca.

Un Hohenzollern joué de nouveau par un Napoléon! Nouvel affront à ajouter aux souvenirs d'Iéna.

Cette échauffourée, comme on l'appelait en Prusse, rendit le régent quelque temps ridicule. La Presse et le peuple de Berlin se plaisaient à raconter que le prince, dans sa fureur, avait effondré à coups de bottes le plancher de sa chambre.

Le bon roi mourut, et le roi guerrier courut à Königsberg prendre sa couronne. Dès lors le parti militaire prit son essor. Toute la population valide fut traînée aux camps et aux manœuvres. L'industrie des canons, des fusils à aiguille, des mitrailleuses prima toutes les autres.

Comme cible d'essai on choisit le peuple trop libre et trop heureux du Danemark, et on appela à la curée l'Autriche, dont on voulait voir de près et les armes et la force.

Pendant ce temps une armée de publicistes sans pudeur, soudoyée par le futur grand homme, versait à flots par toutes les couches de la nation le poison du mensonge, défigurant la France, salissant la France, et la montrant à l'Allemagne comme un *ramassis d'ignobles libertins*, à laquelle la Providence, déjà aux ordres de la *tant morale* Prusse, avait le devoir d'infliger une sanglante correction.

Hélas! nous avons suivi nous-même avec épouvante cette infâme littérature, laquelle, pire mille fois que la peste, après avoir moissonné un million d'hommes (Joie des princes, Gloire des empereurs!) a déchaîne pour longtemps sur notre monde l'implacable furie du meurtre et de la vengeance.

C'est alors que l'école gratuite et obligatoire, c'est-à-dire une école *deux fois servile*, fit *merveille ;* et que le grain semé par le despotisme rendit 100 pour un.

Biarritz, Sadowa, le trône d'Espagne, les coquineries relatives aux bords du Rhin, et finalement deux millions d'hommes lancés sur la France garrottée et meurtrie dans les chaînes de l'empire : -- voilà le maître d'école prussien qui a battu le maître d'école français ; le maître *de la morale* par excellence qui a vaincu le maître du *libertinage* par excellence.

Qui ne sait que le prussien a le monopole de la *Pudeur*?

La divine *Providence* lui avait laissé battre de la même manière le maître d'école danois quoique plus instruit, plus libre c'est-à-dire meilleur que lui !...

* * *

Il est une chose plus révoltante peut-être que les brutalités des despotes et les vastes mensonges des profonds politiques : ce sont les généralisations *savantes* et *morales* qui viennent après coup absoudre le vainqueur et condamner le vaincu, c'est-à-dire offrir au crime triomphant une couronne *philosophique* et *providentielle*.

Le maître d'école prussien terrassant le maître d'école français est une de ces conceptions ; elle mérite certainement une place d'honneur parmi les imbécillités de l'esprit humain.

Le brigand armé et cuirassé, qui égorge au coin d'un bois un voyageur surpris et sans défense, a aussi une supériorité sur sa victime : celle de la préméditation du crime.

Est-ce l'école qui la lui a donnée ? Et quel rôle assignez-vous ici à la Providence ?

§. 2.

Solution républicaine et morale de la gratuité. — 200 f. pour 60 f. — L'école rétribue l'élève. — Double dette de l'enfant. — Affranchissement de l'homme par le travail. — Parallèle des deux gratuités. — Leurs origines et leurs fins diverses.

Essayons de résoudre le problème de la *gratuité* par un procédé qui, non-seulement n'a rien de commun avec le dogme brutal du despotisme prussien renouvelé du despotisme spartiate, mais le condamne, mais le flétrit.

Serions-nous donc incapables de nous donner nous-mêmes ce qui nous manque, de créer par nous-mêmes nos institutions, et de les faire françaises et libérales au lieu de les faire prussiennes et despotiques ?

Voici une solution républicaine, c'est-à-dire morale, du problème de la gratuité de l'enseignement.

* *
*

La famille verse 60 fr. à l'école, mais l'école en retour s'engage à enseigner à l'adolescent, non seulement les disciplines classiques, mais encore une *profession.*

Où ira-t-il pour apprendre à moins de frais, plus sûrement et plus vite, un métier qui le fasse vivre ? Est-ce payer trop cher un diplôme de liberté ? 60 fr. représente-t-il le tiers, le quart du prix de l'apprentissage ordinaire ?

Sur les trois années que dure le stage vulgaire, l'école en supprime deux : celles où l'apprenti n'apprend rien, sauf l'art de balayer les bureaux, de franchir les ruisseaux et de faire les commissions.

Quel est le patron qui souscrira à cette réduction ?

La famille joue donc 60 fr. avec la certitude d'en gagner au moins 200. C'est là sans contredit une excellente opération. Dans ces conditions l'instruction est plus que gratuite. On peut dire que ce n'est plus la famille qui rétribue l'école, mais l'école qui rétribue la famille.

Ce n'est pas tout : l'apprenti imprimera, gravera, tournera, forgera, ménuisera, tissera, autrement dit : fabriquera des livres, des meubles, des outils, des tissus, etc. Pourquoi ne prendrait-on pas les mesures nécessaires pour que ces ouvrages aient une valeur réelle, et puissent être cotés sur le marché public ?

Saurait-on un encouragement plus efficace pour l'ouvrier que la vente directe des produits de son travail ?

Dans son année, l'apprenti le moins habile pourra donc

gagner et gagnera réellement trois fois sa rétribution scolaire, c'est-à-dire trois fois son enjeu.

Ce n'est pas tout encore.

L'apprenti deviendra contre-maître à l'école même, et tout en se perfectionnant lui-même. A ce moment il aura droit d'émarger au budget professionnel.

* * *

Notre école est donc gratuite, mais gratuite d'une autre manière et à un autre titre que l'école officielle de l'absolutisme.

Elle traite l'enfant comme on doit traiter un être libre. Ce n'est pas sous la forme d'une aumône qu'elle lui offre l'instruction, mais comme une avance qu'il s'engage à restituer intégralement et par son travail propre.

Il doit premièrement à son père, qui a déposé pour lui le premier enjeu ; il doit en second lieu à la municipalité, qui lui fournit des maîtres, des livres, des instruments de travail et des métiers.

Il acquittera sa première dette par le produit de son travail quotidien ; il acquittera la seconde par une réciprocité de services, en enseignant à ses cadets d'école ce qu'il aura appris lui-même, et en abandonnant ainsi à l'établissement une partie de son activité.

D'un enfant libre l'école aura fait un homme plus libre encore.

* * *

La gratuité décrétée avec ostentation par le despote produit des fruits bien différents. Quoi qu'on fasse, l'aumône aura toujours quelque chose d'humiliant, quelque chose qui dégrade au lieu d'anoblir. Faites l'aumône à ceux que vous voulez fouler aux pieds ; faites l'aumône si vous avez besoin de régner sur des esclaves.

Lorsque le despote, dans sa magnanimité libérale, proclame la gratuité scolaire, il dit à son sujet :

« Je te donne l'instruction, parce que j'ai intérêt à ce que

« tu me serves bien, et que tu crées des industries que je
« puisse imposer. Ce trésor, je te le livre gratuitement, mais
« tu seras à moi corps et biens. »

La municipalité libre dit à l'enfant libre :

« Voici des maîtres, des livres et des métiers : tu apprendras
« à travailler afin de pouvoir rendre à ceux qui t'ont prêté,
« afin de racheter les servitudes qui pèsent sur toi, et de deve-
« nir, dans toute la vérité du mot, une *personne libre.*

Voilà les deux gratuités : l'une est celle des empires et des gouvernements absolus, l'autre celle des pays et des peuples libres.

La première a pour base le *communisme* et pour fin dernière le *servilisme;* la seconde a pour assise l'égalité dans la justice et pour objectif l'affranchissement de l'individu et sa liberté par le mérite.

* * *

L'Etat c'est moi, dit le despote : la terre m'appartient et tout ce qui vit sur la terre. Qu'importe dès lors que la fortune de Pierre devienne l'instruction de Paul, puisque tout part de la même masse et que cette masse est *mienne?*

L'Etat c'est nous, s'écrient les municipalités libres. Partant le fruit du travail de Pierre ne saurait devenir gratuitement l'instruction de Paul. Si le premier consent à prêter au second, il faut que le second s'engage à restituer au premier. La terre appartient à ceux qui la méritent, non à ceux qui la confisquent ou se l'annexent par violence.

La logique dans l'histoire est de fer :

L'Etat qui sème le communisme moissonnera un jour le socialisme !...

§. 3.

Nous ne voulons pas de l'école gratuite, et pourquoi ?

Nous ne voulons pas de la gratuité de l'enseignement par l'Etat.

L'école a pour mission d'enseigner le respect du droit et le culte de la liberté ; elle ne peut donc s'appuyer elle-même sur une iniquité. Or la gratuité comme l'entend l'Etat viole la justice et consacre la dépendance et l'asservissement de l'individu.

* * *

Nous ne voulons pas de la gratuité de l'enseignement.

L'Etat qui se substitue à la famille dans l'éducation détruit cette famille en brisant les liens qui rattachent l'enfant à ses parents. L'enfant instruit gratuitement par l'Etat ne doit à son père que la vie du corps ; et l'amour filial, qu'alimente seule la reconnaissance, s'évanouit avec la première enfance.

De son côté le père, privé de toute action sur l'élément moral de son fils, s'en désaffectionne promptement, et ne voit bientôt en lui qu'un étranger, dont il a hâte de se décharger.

On peut voir fleurir ce double phénomène chez les peuples dont le régime politique et social rappelle celui de Sparte, la cité morale par excellence.

* * *

Nous ne voulons pas de la gratuité de l'enseignement.

L'unique héritage que nous, hommes pauvres, puissions assurer à nos fils, et dont ceux-ci puissent garder un pieux souvenir, c'est l'instruction.

L'Etat qui, en se parant d'une générosité menteuse, rend ce devoir impossible, commet un crime de lèse-famille. Et non-seulement il tarit la source de la piété filiale, mais il néglige traîtreusement de ceindre pour la liberté les enfants à lui confiés, et sans pitié les jette désarmés dans l'arène de la vie : proie ouverte à la servitude,

Turba parata neci.

* * *

Nous ne voulons pas de la gratuité de l'enseignement !

Quand l'Etat déclare superbement que la société doit l'instruction à tous ses membres, il fait un sophisme, un sophisme redoutable, que demain le socialisme saura retourner contre lui. Vous devez la science au peuple, dites-vous ? Soyez donc conséquents, et dites que vous lui devez le pain, le pain condition de la vie, le pain qui sans doute prime la lumière et la science.

Ne l'oubliez pas : la logique de l'histoire est de fer : Bismarck à cette heure pourrait nous en dire quelque chose...

L'Etat prussien a servi au peuple *l'école gratuite*, et voici que le peuple demande que l'Etat lui serve, non plus de la grammaire ou de l'arithmétique, mais du pain, mais de l'or, mais les domaines de ceux qui possèdent.

Cette sommation est brutale mais logique.

* * *

Nous ne voulons pas de la gratuité de l'enseignement !

La gratuité entraîne fatalement l'obligation ; or l'obligation en fait d'école n'est pas seulement une odieuse tyrannie, mais une ignominie pour la nation qui l'accepte, une ignominie qu'on ne peut infliger qu'à un peuple plié en quatre sous le faix du despotisme.

Lorsque l'école primaire est strictement réduite, comme sous l'empire où le règne de l'Ordre-moral, à l'enseignement banal et abrutissant du lire et écrire ; lorsque, par les soins hypocrites de l'Etat, la substance de l'école est pour ainsi dire évidée jusqu'aux pupitres et bancs de la classe, j'avoue que je suis confondu, quand je vois de pareilles écoles fréquentées avec tant d'assiduité par les enfants du peuple.

En vérité, moi, je n'y enverrais pas les miens.

Que si les populations se portent d'elles-mêmes vers des écoles si indignes de ce nom, et leur abandonnent avec leur argent leurs enfants pendant 7 ou 8 ans, pour en retirer le maigre profit que l'on sait, on nous accordera que le nom d'école jouit aux yeux du peuple d'un prestige extraordinaire ; et je dis qu'il serait criminel, trois fois criminel, d'inscrire dans le code la tyrannie de l'obligation.

Le ministre qui croira immortaliser son nom en rapportant un acte aussi inepte qu'égoïste des despotes du Nord, n'aura joué à nos yeux que le triste rôle de la mouche du coche. Il achètera la pauvre gloire de signer un décret par la honte d'avoir ajouté un baillon de plus à la liberté de la famille.

* * *

Nous ne voulons pas de l'école obligatoire !

Lire, écrire et calculer sont des besoins essentiellement *sociaux*. Si vous voulez qu'ils deviennent impérieux à l'égal des besoins *individuels* du manger, du boire, du grandir, restituez-nous dans sa plénitude le droit de nous voir, de nous parler, de nous associer.

Soyez logique une fois dans un siècle !...

Que l'Etat cesse enfin de tourner dans son éternel cercle vicieux, édifiant d'une main ce qu'il démolit de l'autre, invoquant l'effet et prohibant la cause.

Lire et écrire sont à l'homme *social* ce que l'œil et le bras sont à l'homme *animal*.

Non !... Il n'y eut jamais de père qui trouva son intérêt et son bonheur à avoir un enfant borgne et manchot.

* * *

Mais on peut appliquer au *lire et écrire* ce que nous avons dit du *Grec et du Latin*. (*Manifeste pédagogique* 1re *partie*).

S'il faut acheter, au prix de 7 ans d'école, la connaissance de 24 lettres, nous dirons que l'Etat dupe le citoyen, et le force d'emprunter à 7 pour un et au-delà.

Au nom du droit et de la liberté, réformez donc votre *Abécédaire*; renoncez à cette routine aussi malhonnête qu'impuissante qui s'obstine à n'opérer qu'au bout de sept ans ce qu'on peut opérer, ce que d'autres peuples opèrent en deux mois.

Dites au père de famille :

Viens, donne-moi ton enfant : d'aujourd'hui en trois mois il saura lire, écrire et calculer.

Dites cela et tenez parole, *Vous le pouvez.*

Et nous verrons s'il y aura un seul français qui manque à l'appel.

* * *

Nous ne voulons pas de l'école gratuite et obligatoire!

Votre gratuité n'est pas autre chose que de l'*usure*, votre *obligation* pas autre chose qu'une *tyrannie gratuite*.

Un mien cousin fréquenta comme moi pendant 7 ans l'école primaire, et en sortit sans savoir lire.

A qui la faute?

L'enfant était peut-être le plus ingénieux de l'école; mais, pour son malheur, nous avions un maître plus ingénieux encore. Celui-ci le condamnait à dessiner du matin au soir, sur les pavés de la classe, *des croix avec sa langue*!

Et cela sept ans durant....

Je passe sous silence les autres brutalités.

Après cela vous viendrez nous dire que le peuple français montre peu de zèle pour l'école, et ne cherche qu'à se dérober à ses bienfaits.

Je le demande: lequel témoigne le plus de respect en faveur de l'*Institution scolaire*, ou de l'Etat qui dote les communes de pareils éducateurs, ou du pauvre journalier qui persévère pendant sept ans à envoyer son enfant apprendre à lire dans ces conditions?

⁂

Non: Les français n'ont pas besoin de l'école gratuite et obligatoire!

La gratuité et l'obligation sont deux fantaisies ministérielles ou deux panaches: ce ne sont pas deux besoins de la France. Si les français peuvent payer leur gloire, ils peuvent mieux encore payer leur école, pour rester libres vis-à-vis d'elle.

L'homme, qui croyait nous apprendre à lire en 1840, passait pour un pédagogue habile, aussi l'Etat l'a-t-il promu en grade.

Quant à son élève, il est devenu père de famille.

Que s'il arrivait qu'il fît aujourd'hui peu de cas de l'école où il a lui-même *tant profité*, et qu'il montrât peu d'empressement à envoyer à son tour ses enfants là où leur père trouva le martyre, faudrait-il l'accuser d'ingratitude, d'irrévérence ou de révolte envers l'Etat? Faudrait-il en conclure que l'Etat a besoin du fouet et du gendarme pour contraindre les Français à envoyer leurs enfants à l'école?

Quand un marchand vous vend de la terre glaise pour du pain de pur froment, il est permis, ce me semble, de suspecter à l'avenir sa marchandise.

Hé bien, notre père de famille n'a pas gardé rancune à l'école: Ses enfants savent tous lire et écrire.

* * *

Nous ne voulons pas de l'école obligatoire!

Plus un homme est ignorant, plus il apprécie les avantages du savoir: Nous dirons même qu'il s'exagère les bienfaits de l'école. Qui de nous aurait, comme lui, le courage d'entendre ses enfants épeler *le même livre* jusqu'à 15 ans? Qui de nous, en comparant les dépenses de temps et d'argent à un si pauvre résultat, ne serait tenté d'accuser le maître de paresse, d'ignorance ou de mauvaise volonté?

Avant de parler de contrainte, ouvrez-nous des écoles dignes de ce nom. Ce n'est pas le peuple qu'il faut flageller, c'est la routine qu'il faut expulser, c'est l'école qu'il faut transformer.

Je le sais: depuis 1840, la *discipline* s'est humanisée; les punitions sont devenues moins ingénieuses, et si les *Croix* n'ont pas complètement disparu, elles ont changé de nature.

Mais aussi la fréquentation de l'école a doublé, triplé, quadruplé...

Améliorez l'école, améliorez-la encore: — mais ne touchez pas à la *liberté morale* du père de famille.

* * *

Vienne un labour qui presse, direz-vous; vienne un rayon de soleil pour la moisson, et l'enfant manquera l'école.

— Il aura raison!...

D'abord — faut-il tant de saisons pour enseigner à un enfant 10 chiffres et 24 lettres? Et ce travail d'Hercule ne peut-il s'accomplir dans les longues semaines de l'automne et de l'hiver? Si vos instruments sont défectueux, c'est à vous d'en imaginer de meilleurs. De quel droit vous vengez-vous de votre maladresse sur ma liberté ?

Ensuite — pourquoi la France est-elle condamnée à ne connaître qu'un seul méridien ? Pourquoi la leçon qui se donne au Nord doit-elle absolument se donner à la même heure au Midi ? Pourquoi, quand il gèle à Rennes, doit-il absolument geler à Nice et à Marseille ? Pourquoi la moisson de Toulouse doit-elle attendre celle de Lille ? Que trouvez-vous donc de si beau, de si précieux, de si avantageux à ces écoles *mécaniques*, qui marchent peut-être d'accord avec les horloges du ministère, mais qui sont partout et toujours en contradiction avec les besoins des localités pour lesquelles elles sont faites ?

* * *

Que l'école de Condom *puisse* n'être pas celle de St-Dié.

Que chacune soit aux ordres de la municipalité qu'elle prétend servir. Qu'elle fixe, de concert avec celle-ci, les jours fériés, en se conformant au climat et autres conditions du pays ; et que la responsabilité des classes perdues incombe tout entière à la commune.

De cet accord il résultera une harmonie parfaite entre l'école et la jeunesse. L'enfant n'ayant plus d'excuse pour perdre son école, ne la perdra plus. L'amour-propre d'un père ou d'une mère fera plus ici que vos amendes et vos gendarmes.

En vérité, tout le monde ira à l'école, et tiendra à honneur d'y envoyer ses enfants, le jour où cette école cessera d'être celle du ministère pour devenir celle de la municipalité, c'est-à-dire celle de chacun de nous.

* * *

Nous ne voulons pas de l'école obligatoire !

Nous, pères de famille, nous entendons rester seuls arbitres du moment où la santé et l'âge de nos enfants nous permettront de les envoyer à l'école. Nous ne voulons pas nous assujettir à aller mendier près d'un médecin officiel des dispenses d'école.

Port-Royal estimait que l'enfant ne doit pas commencer à

étudier avant dix ans. Le père de famille qui aura le malheur de penser comme l'école qui a donné tant de génies à la France, se verra, ou bien emprisonné, ou bien privé de ses droits civiques!...

* * *

Nous ne voulons pas de l'école obligatoire!

Si votre école est mauvaise, de quel droit nous l'imposerez-vous? Après le gouvernement-Eglise, je ne connais pas de pire gouvernement que le gouvernement-école. Nous l'avons vu à l'œuvre à Genève. Si votre école est sceptique et voltairienne, de quel droit l'imposerez-vous à une famille de croyants? Si elle est cléricale ou *mômière*, si elle enseigne l'histoire par la Bible et le droit par le Syllabus, au nom de quel principe l'imposerez-vous à une famille libérale?

Qui maintiendra la discipline parmi des enfants dont les familles seront ennemies déclarées du maître?

Si vous voulez décréter l'école obligatoire, osez premièrement proclamer son *infaillibilité!*

* * *

Nous voulons l'école, mais nous ne la voulons ni gratuite ni obligatoire, parce que nous voulons avoir le droit, dans l'intérêt de nos enfants, de contrôler et son enseignement et sa discipline; nous voulons avoir le droit de choisir les éducateurs de nos familles.

Tyrannie pour tyrannie, savez-vous que nous préférerions peut-être celle de l'Eglise à celle d'une *école officielle centralisée?*

L'Eglise au moins est parmi nous, on peut lui parler; — le ministère est au Louvre!...

Par état et par condition, le pédagogue officiel est voué à la routine et à l'orgueil : or, la tyrannie est le produit direct de ces deux facteurs.

Si notre école de 1840 eût été gratuite et obligatoire, quel eût été le sort du malheureux écolier dont nous avons parlé?

Et si cet enfant eût été le vôtre, qu'auriez-vous fait

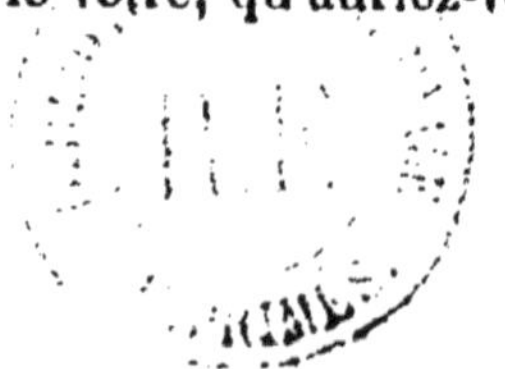

Vous l'auriez retiré de l'école, n'est-ce pas ?

Mais il ne savait pas lire... — Donc l'Etat vous aurait dégradé ou envoyé en prison !...

* * *

Un pays où tout le monde sait lire et écrire, parce que chaque municipalité y possède une école *à elle propre*, la BELGIQUE, vient de montrer à la France l'attitude qui sied à une nation ayant le sens de la vraie liberté.

Appelé à se prononcer sur la question de la gratuité et de l'obligation, le Peuple Belge a répondu fièrement : *Ni l'une, ni l'autre ;*

Respect à la liberté de la famille !
Respect à la liberté municipale !

Qu'il nous soit permis d'ajouter :

Honneur au PEUPLE BELGE ! ! !

* * *

Nous ne voulons pas de l'école obligatoire !

Le père de famille est le premier instituteur de ses enfants, or l'obligation, c'est l'inquisition portée par l'Etat dans la famille ; c'est le viol d'un sanctuaire où l'Etat n'a pas le droit de pénétrer. Vous viendrez avec vos examens et vos lourds examinateurs, au nom de la liberté, poser à mon enfant des questions aussi insolentes qu'absurdes sur le calcul par *les parties aliquotes*, sur les règles *officielles* du participe passé, ou les déclinaisons *fortes* et *faibles* de tel grammairien en faveur, chez moi, devant moi, instituteur! . . .

Il est trop évident que l'enfant d'un instituteur rival de l'Etat ne saura que ce que l'Etat voudra bien qu'il sache. Ne pas envoyer son enfant à l'école gratuite, c'est un blâme public, c'est un affront, dont le maître officiel saura bien se venger.

* * *

Nous ne voulons pas de l'école obligatoire !

Et à ceux qui seraient tentés de voter cette loi d'iniquité, nous souhaitons qu'ils fassent eux-mêmes, une fois dans leur vie, l'expérience de ce qu'il y a d'humiliant, d'odieux, de cruel dans ce privilége exercé même par un gouvernement qui s'intitulerait *radical-libéral*.

Il y a deux sortes de tyrannie: l'une qui part d'en haut, l'autre qui vient d'en bas; l'une exercée au nom du Droit divin, l'autre au nom de la foule et du nombre. Celle-ci n'est ni moins odieuse ni moins brutale que celle-là. Son seul avantage est de n'avoir pas de tradition, et partant de n'être pas constante.

Au nom du Droit divin, l'école du despotisme imposera à votre enfant l'adoration quotidienne du tyran *légitime* ou de son buste, et confisquera sa volonté.

Au nom de l'égalité et de la fraternité, le régime radical-libéral flétrira du nom d'*aristocrates* ceux de ses adversaires qui se permettront, pour une raison ou pour une autre, de délaisser l'école publique. Il ne se fera pas faute d'appeler sur ces insolents les représailles du gros peuple.

Dans un pays comme la France, où tant de partis sont aux prises, l'école obligatoire deviendra une source intarissable de discordes, de haines et de conflits.

* * *

Nous ne voulons pas de l'école obligatoire !

Nous la repoussons comme un déshonneur, comme un outrage, comme un opprobre, nous pères de famille, nous instituteurs !

Nous ne voulons pas être condamnés à l'amende, pour avoir pris la liberté de faire nous-mêmes l'éducation de nos enfants.

Nous ne voulons pas être traînés en prison, pour nous être obstinés à enseigner l'histoire ou la grammaire par des procédés non approuvés d'un *Conseil supérieur*.

Nous ne voulons pas être flétris par l'Etat, devant le public et devant nos enfants, pour avoir fait ce que nous avons cru être notre devoir.

Nous demandons enfin pour le père de famille, en fait d'instruction, la liberté absolue avec *le droit de l'erreur!*

* * *

Nous ne voulons ni de la gratuité ni de l'obligation !

Vous qui croyez connaitre, pour les avoir vus fonctionner sur place, les systèmes pédagogiques étayés de ces deux moyens, parlez-nous des merveilles de leur fécondité, et citez un produit, un seul produit que l'école libre ne nous ait pas donné.

La Prusse, que vous voulez à tout prix copier, est-elle arrivée par son école gratuite et obligatoire à plus de lumière et d'humanité, à plus de liberté et de prospérité, à plus de félicité et de moralité, que les peuples qui n'ont pas permis jusqu'ici au despotisme de les garrotter à l'école de l'Etat ? La Prusse, par son école gratuite et obligatoire, nous a-t-elle vaincus dans les arts, dans les sciences, dans l'industrie, celle des engins de destruction exceptée ? Le subalterne est-il traité chez elle avec moins d'arrogance par son supérieur, le simple soldat moins brutalisé par son officier ?

La Prusse a-t-elle plus que la France le respect de la femme ?

Je cherche en vain des faits qui établissent la supériorité des peuples subissant l'école gratuite et obligatoire.

Nous défions les partisans aveugles de ce système, qui sape par la base toutes les libertés, et mine le régime républicain lui-même, d'invoquer en sa faveur un seul bon résultat. Pourquoi dès lors poursuivre un but qui ne peut même pas justifier l'iniquité de ses moyens ?

* * *

Nous repoussons de toute la force de nos convictions républicaines le système de la gratuité et de l'obligation : nous le réprouvons comme inutile, comme stérile, comme inapplicable, chez un peuple qui a le sentiment de sa dignité et de la vraie liberté.

Laissons cette servitude aux peuples nés dans la servitude, et que l'école républicaine ne soit pas le honteux pastiche de l'école du servilisme.

Nous n'admettons pas que l'Etat ait le droit de mettre les menottes à tout un canton, dans le but d'empêcher 3 ou 4 misérables d'être mauvais pères de famille. C'est là une raison d'Etat : or on ne vit jamais la raison d'Etat au service de la justice : il n'y eut jamais à l'invoquer que l'iniquité et le crime. L'Etat de siége démontre la faiblesse ou l'impuissance d'un gouvernement : il ne fonde ni la liberté ni la moralité.

* * *

Aujourd'hui la République est triomphante ; mais si demain l'Ordre-moral ressaisit le pouvoir, quel usage fera-t-il de l'arme terrible de l'école obligatoire que vous aurez fourbie pour lui ?

Vous aurez beau faire, si vous semez l'iniquité, vous moissonnerez l'iniquité.

Si par *liberté* il vous plait d'entendre le droit de m'assujettir, et de m'atteler bon gré mal gré au char de votre ambition, — en revanche, la liberté pour moi, sera le droit de vous courber vous-même, quand je le pourrai, sous le joug de mon bon vouloir.

Sur ce sable mouvant de passions ennemies vous ne bâtirez jamais rien de durable ; jamais ce fondement-là ne portera la République. Bientôt, selon le mot de Pascal, tout votre édifice craquera, et la terre s'ouvrira jusqu'aux abîmes.

* * *

Nous ne voulons point de l'école obligatoire !

Si l'arbre pédagogique entretenu par la gratuité, défendu par l'obligation sous la forme de la police et du gendarme, produit un fruit de plus que l'arbre planté en terre libre, importez-le sur le sol républicain ; sinon, — qu'il soit condamné comme *inutile* et *superflu*, et comme le figuier de l'Evangile, qu'il soit déraciné et jeté au feu !

* * *

Nous ne voulons ni de la gratuité ni de l'obligation !

Ce que nous voulons, ce sont des écoles si puissamment organisées, si riches, si fécondes en résultats, qu'elles exercent sur les populations une attraction irrésistible.

Ce que nous voulons, ce sont des écoles qui, s'emparant de l'opinion publique, la subjuguent en forçant son respect.

L'école en deux chapitres, telle que nous l'avons esquissée :

école classique, école professionnelle, servie par les méthodes précédemment développées, résout évidemment le problème.

Cette école-là sera dès le premier jour maîtresse de la place : elle s'imposera aux municipalités en les fascinant par la supériorité incontestable de ses procédés, la rapidité et la sûreté de ses résultats, la simplicité de son organisme. Elle gagnera les familles en parlant à tous les intérêts : scientifiques, moraux, utilitaires ; et il se formera en sa faveur une opinion puissante, qui entraînera vers elle tous les cœurs et toutes les volontés ; et le problème de la gratuité et de l'obligation se trouvera résolu par la *liberté* elle-même conseillée de l'*intérêt*.

CHAPITRE VIII

MULTIPLICATION DES ÉCOLES CANTONALES

§ 1.

Le premier baptême de l'école nouvelle. — Légitimité des associations cantonales. — L'égalité devant la loi. — 3,000 écoles à fonder. — Leur mission en France.

Cette école si nouvelle par ses méthodes, si nouvelle par sa constitution, comment l'appellerons-nous? Lui laisserons-nous le nom de collége communal ? Ce nom nous paraît trop étroit pour la conception. A une idée nouvelle un nom nouveau.

En faveur de qui cette création a-t-elle été conçue et sera-t-elle tentée ? — En faveur des petites villes et de leur banlieue.

Que représentent ces points géographiques? — Un groupe de communes formant ce qu'on appelle un *canton.*

Au Congrès libre de l'Enseignement, nous avons proposé la dénomination d'*Ecole cantonale;* cette dénomination a été adoptée par l'assemblée ; que cette résolution lui tienne lieu de premier baptême, qu'elle soit :

L'ÉCOLE CANTONALE.

* * *

Mais les petites villes n'ont pas seules le privilége de former des cantons. Toute commune de France fait partie d'un canton. Or la plus humble commune a droit au soleil aussi bien que la plus grande ville.

Que de toutes parts les municipalités s'éveillent, s'appellent, se reconnaissent, se concertent, et votent pour leur canton respectif une *école cantonale*.

* * *

Arrêtez, nous crie épouvanté le génie du passé et des traditions centralisatrices ; arrêtez : le canton n'a pas le droit de se constituer en association et de voter une subvention pour la création d'une école !...

Il s'associe bien pour la création d'une église.... La République lui interdirait de s'associer pour la fondation d'une école ?

Si tous les Français sont égaux devant la loi, il faut que tous les cantons le soient aussi. A la ville de *Sées* vous octroyez la faculté de fonder et de subventionner un collége, de quel droit refuseriez-vous le même privilége au canton de *Gacé?*

Nous le répétons : que de toutes parts les municipalités s'éveillent, s'appellent, se reconnaissent, se concertent, et votent chacune pour son canton une *école cantonale.*

Le vieux droit cèdera au nouveau droit : car le vieux droit c'est le privilége, le nouveau droit c'est l'équité.

Jusqu'ici l'école secondaire, la véritable école a été l'apanage exclusif des villes : l'équité demande que chaque canton ait la sienne.

* * *

Nous avons dit que cette école serait possible le jour où une réforme pédagogique simplifierait tellement l'œuvre du maître, qu'elle permettrait à 3 hommes d'élite de faire autant et mieux que les professeurs des 9 ou 10 classes des lycées actuels.

Cette réforme, nous la croyons accomplie. Le jour est donc venu où chaque canton peut être doté d'un centre vital, et peut prendre vie lui-même :

L'école sera son âme !

* * *

En Suisse, il n'est pas de district comptant 900 habitants qui n'ait son école secondaire: Nos chefs-lieux de canton renferment généralement deux ou trois centres dont la population atteint le même chiffre. Si on nous accorde que la *femme* puisse remplir, dans l'enseignement classique, le rôle que nous lui avons assigné (*Manifeste, 1re partie*), la création de 2 ou 3 écoles secondaires par canton ne sera pas plus impossible en France qu'elle ne l'est en Suisse.

Même les âpres régions du Jura bernois sont parsemées d'excellentes écoles secondaires, classiques et industrielles, d'où sortent des sujets non moins complets que les élèves de nos lycées.

Tout cela marche et tout cela prospère, sans que l'Etat s'en mêle, ou plutôt parce qu'il ne s'en mêle pas, et parce que ces institutions se trouvent sous la tutelle et la surveillance directe et exclusive des municipalités.

Là-bas, chacun trouve son avantage à suivre jour par jour l'éducation de ses enfants, tout en évitant les lourdes charges et les dangers de l'internat.

* * *

Une localité de neuf à douze cents habitants peut donc avoir, si elle le veut, son école secondaire ; et cela même est une réponse péremptoire à l'objection des distances, qu'on ne manquera pas de soulever contre l'école cantonale unique.

Que si la France se donne enfin une institution qui est partout aujourd'hui, et si elle se la donne avec ce degré de perfection qui caractérise la plupart de ses créations, nul doute que son génie ne se transforme lui-même, et n'ajoute à ses énergies natives une énergie qu'on ne lui connaissait pas.

La rivalité des communes changera soudain d'objet. On ne luttera plus à qui aura le plus haut clocher, la plus grosse cloche, le chasuble le plus chamarré, le lutrin le plus somptueux ; — mais bien à qui pourra offrir la plus riche bibliothèque, les collections les plus complètes, les métiers les plus perfectionnés, les machines les plus puissantes, enfin et surtout les hommes les plus accomplis et les plus utiles à la société.

La raison aura ainsi sur tous les points de la France un sanctuaire propre, et la jeunesse, se recueillant dans ces nouveaux temples, s'initiera à la triple religion du droit, du devoir, du savoir.

* * *

Cette institution avant tout *cantonale* résoudra en partie le problème de la décentralisation, sans préjudice pour l'unité du pays. En fortifiant chaque membre, elle décuplera les énergies de la nation. Travaillons donc à lui préparer ses voies.

La mission de cette école sera multiple. Elle s'érigera en force morale et créatrice capable de faire échec à la superstition et aux préjugés et d'imposer silence aux passions ennemies de la civilisation et du progrès. Elle dressera un autel au travail, au travail des champs comme à celui de l'industrie, comme à celui de la pensée. Elle enseignera le culte de la loi et le respect du droit, moralisant par là le suffrage universel, grandissant l'individu dans le premier de ses biens, *la liberté*, grandissant l'Etat lui-même dans son prestige et dans sa force.

§ 2.

Symptômes d'un besoin de réformes dans l'enseignement. — L'école Monge, l'école Alsacienne, l'école projetée du Vésinet, etc., etc. — Disparition prochaine des écoles privées. — Associations libres, associations municipales. — Avenir des écoles communales. — L'allié naturel de l'Etat.

Que signifie l'apparition d'établissements tels que l'école Monge, l'école Alsacienne, l'école projetée du Vésinet ? N'est-ce pas une protestation solennelle contre les procédés aussi impuissants que surannés de l'école officielle?

Sans doute ces créations sont loin de réaliser l'idéal d'écoles vraiment républicaines et nationales.

Possibles à Paris, impossibles dans la province ; accessibles aux fils des princes de la finance, inaccessibles aux enfants du peuple; compliquées dans leurs rouages internes, compliquées dans leurs rouages externes, elles suivent en outre des méthodes qui nous paraissent encore mal assurées, mal définies et fort peu économes du temps.

Mais elles ont le mérite d'avoir échappé les premières au filet universitaire, et d'avoir montré comment une école libre peut se constituer et fleurir en dehors de l'Etat.

* *
*

Le temps des écoles purement *privées* nous paraît fini. Töpffer, Pestalozzi seraient impossibles aujourd'hui.

Le chef d'institution est obligé de s'incliner ou plutôt de s'aplatir devant mille intérêts opposés et contradictoires : intérêts religieux, intérêts politiques, intérêts domestiques. Son rôle est devenu celui d'un sommelier d'hôtel. Sa personne ne représente que l'ombre d'une ombre.

Pour élèves il ne reçoit guère que le rebut de l'école officielle. Et malheur à lui s'il ne parvient pas à transformer subitement en *génies* des esprits dévoyés ou *détraqués* par la routine.

Malheur à lui encore s'il opère ce miracle : il perdra ses élèves. Sitôt redressé l'enfant lui est repris pour être rendu au système qui l'avait déformé, pour être coulé dans le moule uniforme et obligatoire de l'Etat.

* *
*

Là où règne l'école officielle, l'école privée n'a aucune chance de vivre, fût-elle dix fois supérieure à la première.

En effet, l'école officielle n'a-t-elle pas le monopole ou le privilége des examens? N'est-ce pas elle qui prépare le lit de Procuste où elle mesure les candidats? N'est-ce pas dans une balance de son choix ou plutôt de son invention qu'elle pèse les capacités?

La malveillance, la jalousie, une partialité inévitable ne veillent-elles pas à ce que le plateau de l'école rivale soit toujours trop léger?

Que les pays où fleurit le système de l'école officielle gratuite ou obligatoire cessent, de grâce, de nous vanter les bienfaits de la concurrence, et de proclamer hypocritement la liberté de l'enseignement.

Monopole et concurrence, privilége et liberté sont des termes et des faits qui s'excluent à l'égal du jour et de la nuit.

En face de l'école officielle, l'initiative *privée* peut hasarder tout au plus une école purement *spéciale*, en attendant que la jalousie du corps enseignant *privilégié* la lui dérobe, ou l'en exile par des agissements souterrains.

Voilà exactement le sort actuel de l'instituteur privé en présence de l'ETAT-MAÎTRE-D'ÉCOLE.

Nous pouvons en parler avec connaissance de cause, nous qui luttons depuis des années sous ce rayon de soleil, qui passait jadis pour éclairer le seul point libre de l'Europe.

L'école OFFICIELLE, *gratuite et obligatoire*, est l'OGRE qui menace de manger les libertés modernes, au nom d'un nouveau principe d'intolérance :

hors de l'école officielle point de salut.

* * *

Les écoles libres, pour prospérer, doivent s'appuyer, comme toutes les industries modernes, sur l'association. Les établissements précités sont entrés dans cette voie, et leur développement démontre qu'ils ont eu raison. Les écoles congréganistes qui vont se multipliant chaque jour procèdent de la même manière.

Toutefois il y a à distinguer deux sortes d'association : l'une qu'on peut appeler *artificielle*, l'autre qu'on peut nommer *naturelle*. — La première est celle qui est à la base des écoles libres précédentes, laïques ou congréganistes. — La seconde est l'association municipale.

Celle-là seulement peut porter des écoles réellement républicaines, populaires et nationales. A notre sens, c'est la seule intéressante et la seule qui ait de l'avenir.

C'est avec elle que l'Etat doit chercher à faire alliance.

Mais s'il tarde à faire les premières avances, les municipalités ne prenant conseil que d'elles-mêmes et de leurs besoins, agiront sans lui et en dehors de lui.

Déjà des écoles organisées sur le modèle de celle dont nous avons tracé le plan s'annoncent de plusieurs côtés, émergeant l'une après l'autre à l'est, à l'ouest, au nord, au centre. Si ce mouvement continue quelque temps, les écoles officielles vont se voir abandonnées d'un jour à l'autre, et la nation va se trouver instruite en dehors de l'Etat.

Urgente, extrêmement urgente est donc la réforme pédagogique, si l'on veut arrêter la désertion générale. Et ce n'est pas à Paris qu'il faut agir, c'est dans la province : — c'est avec chaque canton qu'il faut traiter.

* * *

Ici se présente une nouvelle question, grave entre toutes.

Que devient dans notre système l'école primaire ? et quels rapports soutiendra-t-elle avec l'école cantonale ?

Si les maîtres de l'école cantonale sont de vrais pédagogues, ils poseront en principe, avec Port-Royal, que l'enfant n'est mûr pour un *Cours d'études* qu'à 12 ou 11 ans.

Or, à 7 ans, l'enfant termine d'ordinaire le travail de ce que nous appelons son *individualité psychique :* à 7 ans la phase de la *réceptivité* est accomplie.

De 7 à 12 ans, l'esprit se recueille et prend possession de ses conquêtes, c'est-à-dire ordonne et organise ses perceptions et ses idées : les transforme lentement en *conceptions.*

A Port-Royal, cette école éminemment nationale, dont la France devrait reprendre les admirables traditions, à Port-Royal, cette phase de la vie était soumise à des exercices particuliers, dont l'ensemble formait une sorte de *noviciat.* On occupait les élèves d'histoire, de géographie, de calcul etc., sous forme de *divertissément.* On s'appliquait à diriger et à dresser leur intelligence sans la fatiguer, tout en allumant discrètement dans leur cœur la passion du Bien, du Beau et du Vrai.

* * *

L'Ecole cantonale se charge de la phase scientifique ; mais qui se chargera du *noviciat ?*

Nécessaire est donc l'école primaire, et c'est à elle qu'incombe l'intéressant travail d'une première *synthèse* dans l'âme humaine et la mise en équilibre des facultés mentales.

Mission sublime, digne de toutes les méditations de la pédagogie, et à laquelle nous consacrerons prochainement un traité spécial : *L'art d'apprendre à lire.*

Actuellement quels sont les hommes auxquels est confiée la première phase scolaire, et comment s'acquittent-ils de leur tâche ?

* * *

Après avoir rappelé, pour la flétrir, *la manière forte* de certains maîtres d'école de 1840, rendons justice au corps des Instituteurs d'aujourd'hui.

Moralement et intellectuellement le régent primaire formé à l'Ecole Normale est souvent beaucoup mieux équilibré que tel professeur spécialiste de nos lycées.

Sa personne est un témoignage irréfragable en faveur de deux vérités que nous tenons à énoncer en passant.

Elle montre, — d'une part ce qu'un enseignement consciencieux peut réaliser dans l'espace de trois ans, — d'autre part combien est faux ce dogme si cher aux despotes, qu'il faut des siècles pour réformer l'homme.

Le garçon qui, à 15 ans, n'était qu'un grossier valet de charrue, se trouve être, trois ans plus tard, l'Instituteur de nos enfants !

Et telle est la trempe que le baptême de la science a donnée à son caractère, qu'en dépit des pressions de toute sorte qu'il est condamné à subir, il reste, on peut dire toute sa vie, exempt de faiblesse.

Voilà l'Instituteur français.

Que le magister étranger, qui s'estime plus fort et meilleur que lui, se lève et lui jette la pierre !...

* * *

Maintenant comment s'acquitte-t-il de sa tâche ?

Déclarons-le avec franchise : l'Instituteur français vaut mieux, cent fois mieux que son école.

Son vol serait superbe, si des autorités jalouses et soupçonneuses n'avaient pris la précaution de lui casser le fouet de l'aile.

On le dote, il est vrai, on le pourvoit d'aptitudes merveilleuses, mais on lui défend d'en faire usage.

Il sait les sciences, il les passionne, — et l'enseignement des sciences lui est interdit ;

Il sait l'histoire, il aime l'histoire, — et l'enseignement de l'histoire lui est interdit ;

Il sait la géographie, — et l'enseignement de la géographie lui est interdit.....

* * *

Malgré cela, l'Instituteur primaire, menant de front sept ou huit classes d'enfants, sans méthodes et sans livres dignes de ce nom, accomplit parfois des prodiges.

Il y a en lui la foi et l'ardeur d'un apôtre. Si on lui laissait deux doigts de liberté, il s'élèverait de lui-même et tout naturellement à la hauteur du noviciat de Port-Royal.

Il lui manque ce qu'un Etat centralisé et centralisateur n'a jamais su et ne saura jamais accorder à ceux qui le servent, fussent-ils expressément dressés par lui et pour lui : Comme l'avare de Molière, le Génie de la centralisation se défierait de ses propres mains.

Il manque à nos Instituteurs le libre arbitre et le droit à l'initiative.

* * *

La France est un grand seigneur qui envoie chaque année et à grands frais ses jardiniers s'instruire dans les instituts les plus fameux. A leur retour, des intendants et sous-intendants, qui ont l'air d'avoir juré la ruine de leur maître, les condamnent à bêcher et labourer à outrance, mais leur défendent, sous menace des plus cruels châtiments, d'ensemencer le sol.

Les intendants sont les ministères qui travaillent à la manière de celui de l'Ordre-moral : les sous-intendants sont la fausse charité et la piété hypocrite qui font le guet au sommet de chaque église.

* * *

Si l'on veut que l'école primaire soit ou plutôt devienne ce qu'elle devrait être, il faut absolument déplacer son centre de gravité.

Oscillant tour-à-tour du ministre au préfet, du préfet au recteur, du recteur à l'inspecteur, mais toujours subordonnée à l'autorité cléricale qui la garde ou plutôt la guette à vue, l'école primaire cherche encore son assiette véritable et un appui naturel.

Selon nous, elle trouverait cet appui dans l'autorité d'une école sœur, à laquelle elle offrirait sincèrement son utile collaboration. Désormais, au lieu de graviter, en satellite forcé, autour du presbytère, elle graviterait librement autour de l'école cantonale.

Elle trouverait dans celle-ci, à la fois, une alliée fidèle et un foyer précieux où elle puiserait, au gré de ses besoins, la lumière et la vie avec la force.

* *
*

Dans le canton de Genève, le gouvernement radical-libéral a essayé de fonder, à côté de chaque école primaire, une école dite *secondaire*. Ces créations sont mortes en naissant. Actuellement elles comptent chacune de 8 à 9 élèves, y compris les enfants du régent, ceux du maire, du pasteur, du garde-champêtre, avec les neveux et nièces du curé libéral.

Le régent coûte 3000 fr. à la commune : non compris les gratifications allouées aux professeurs spéciaux, que le Département dépêche chaque soir de Genève, pour suppléer à l'insuffisance du régent ordinaire.

Nos ministres pourront méditer cet exemple, mais se garderont de l'imiter.

Pour des causes trop évidentes, l'école *secondaire* communale est une institution condamnée à mourir de dépérissement, dès le lendemain de son installation.

C'est donc pour l'école cantonale que le ministère doit réserver toute sa sollicitude et toutes ses faveurs.

§ 3.

La liberté d'enseignement. — Ecoles laïques. — Ecoles cléricales. — Bienfaits de la concurrence. — Le fouet du progrès. — La fausse liberté des radicaux-libéraux. — Un collége radical-libéral confit en lui-même. — Clergé soumis au droit commun. — Service militaire obligatoire pour tous. — Les cours de religion.

I

LIBERTÉ. — ABSOLUTISME. — RÉPUBLIQUE

La liberté est à la fois une idée et un besoin.

Comme idée elle est partout et toujours identique à elle-même. Son symbole est ce génie qui tient à la main des chaînes brisées.

En tant que besoin, elle varie avec les climats, les temps et les hommes. De là les formes diverses que l'Etat revêt à travers les âges. A l'extrême inertie correspond la théocratie; à l'extrême activité correspond la démocratie.

* * *

Aristocraties, monarchies, empires sont des formes trop lourdes, trop gênantes pour l'activité moderne, trop en contradiction avec elle.

Tout pouvoir monarchique ne peut avouer qu'une origine divine. Pour faire accepter son principe, l'*absolutisme*, et son privilége suprême, l'*hérédité*, il est obligé de se produire comme une délégation de Dieu. Partant, il est condamné à se proclamer immuable et infaillible. Or un Etat immuable et infaillible est la négation du progrès par l'individu. Dans une monarchie, l'individu est un *sujet* (subjectus), jamais un citoyen. Prendre ce dernier titre est un acte de rébellion.

Il n'y a de légitime que ce qui est voulu et exécuté par le monarque. La monarchie est donc au fond une déclaration de guerre à l'initiative privée.

Ce rapport contre-nature engendre fatalement la tyrannie, et la tyrannie engendre fatalement la révolte, ou la revendication par la nature humaine d'un droit imprescriptible, celui de se développer, c'est-à-dire d'être libre en idée et en vérité.

Ainsi va un peuple à la République.

La fleur crève son enveloppe devenue trop étroite ; l'oiseau brise la coquille de l'œuf, et se met directement en rapport avec l'air libre et la lumière.

* *
*

La monarchie n'a qu'un moyen de sauver non son principe mais son nom : c'est de renier résolument le faux dogme de son infaillibilité, et de s'accommoder à toutes les fantaisies de l'activité humaine. Mais alors elle ne représente plus la volonté d'*un seul :* elle représente la volonté de *tous.* Intervertis sont donc les rôles.

Jadis tout était à elle : choses et gens ; — aujourd'hui c'est elle qui est à tous. La *mon*-archie s'est faite *démo*-cratie. Elle ne s'impose plus orgueilleusement à titre de délégation de Dieu, elle s'offre humblement comme délégation du peuple. Le sujet est devenu souverain.

La monarchie *constitutionnelle* n'a gardé de la vraie monarchie que le nom. Si le privilége de l'hérédité lui a été continué, ce n'est qu'à bien plaire, sur la foi d'un contrat et purement dans l'intérêt du peuple lui-même. Un régime de cette espèce est de fait une République.

* *
*

La monarchie de droit divin est un mensonge, une imposture dont l'effronterie est devenue ou va devenir pour les peuples modernes un mythe aussi incompréhensible qu'odieux.

Dictature, Empire, Césarisme sont à la liberté ce que l'hypocrisie est à la vertu :

Un hommage !

Ils proclament son excellence, s'en déclarent les serviteurs dévoués, s'appuient de son nom, s'autorisent de ses intérêts, quand ils veulent satisfaire leurs convoitises, assouvir des vengeances dynastiques ou personnelles, perpétrer des crimes de lèse-humanité ou de lèse-nation.

Heureusement le soleil de la civilisation devient de plus en plus gênant pour les fourbisseurs de haute politique. Où est l'antre, où est la caverne où ne pénètre de nos jours un rayon de lumière? Où se réfugieront ces faux-monnayeurs de libertés, pour n'être ni aperçus ni inquiétés dans leur œuvre satanique?

* * *

La République est le seul régime qui ne mette pas les intérêts d'une nation après les intérêts d'une caste ou d'une famille ; — le seul régime qui se proclame *faillible* et par conséquent indéfiniment réformable, essentiellement perfectible ; — le seul régime qui puisse combattre logiquement et efficacement pour le droit contre le privilége et contre la force ; — le seul régime qui ouvre l'arène également à tous les efforts honnêtes, à toutes les énergies créatrices ; — le seul régime qui soit rationnel, qui soit conforme aux idées et mœurs actuelles, qui soit compatible avec la science et la civilisation modernes ; — le seul régime qui déclare par principe et par conviction la guerre à la guerre, stigmatisant l'ambition, flétrissant la gloire militaire, appelant le droit de conquête par son vrai nom, préparant la paix et encore la paix, qualifiant d'infâme l'impôt du sang, rayant du vocabulaire politique les mots empoisonnés, les termes maudits « NATIONALITÉS et CONFESSIONS » inventés par l'Enfer et adoptés par les fureurs dynastiques; — le seul régime enfin qui ne repose pas sur un mensonge!

* * *

La République est donc le règne de la liberté comme idée et comme besoin, de la liberté prise dans son sens le plus large : liberté de vivre, liberté de penser, liberté de travailler.

Loin de suspecter, comme tous les autres régimes, loin d'entraver l'initiative personnelle, la vraie République l'excite et l'encourage. Pour subsister, l'œuvre produite n'a besoin ni de l'estampille de l'Etat ni de l'approbation du ROY. Elle est parce qu'elle est, et elle vit si elle mérite de vivre.

II

LA LIBERTÉ DE L'ENSEIGNEMENT DEVANT L'ABSOLUTISME

Si la République est le régime que nous venons de dire, comment traitera-t-elle la liberté d'enseignement ?

Parler est un droit de l'homme, un droit naturel : droit individuel et droit social.

Qui oserait le nier ?

Or parler, c'est enseigner : donc la liberté est un droit imprescritible, c'est-à-dire antérieur et supérieur à toutes les prescriptions de l'Etat.

— J'ai le droit d'enseigner à parler à mon enfant ; — j'ai le droit de lui enseigner à représenter sa parole par l'écriture ; — J'ai le droit de lui enseigner à compter les doigts de ses deux mains : — j'ai le droit de lui démontrer que les trois angles d'un triangle valent deux droits : — j'ai le droit de lui apprendre à distinguer le soleil de la lune, la lune des étoiles ; — j'ai le droit de lui enseigner que la terre tourne autour du soleil, ou, si c'est ma croyance, que le soleil tourne autour de la terre.

Quel est le sophiste, quel est le despote, quel est le tyran qui me déniera ce pouvoir?

* * *

Que si ce pouvoir m'appartient en propre et de par la nature, j'ai le droit de le déléguer à un tiers, qui, dans mon opinion, représente en mieux mes idées et mon savoir : — que ce tiers ait ou non le brevet ou l'estampille de l'Etat, qu'il porte ou non une robe décrétée par l'Etat, une robe sympathique ou antipathique à l'Etat.

Ce Droit ou ce Pouvoir est le fondement de la liberté de l'enseignement, et je le tiens pour inébranlable.

Il n'y a qu'une raison qui puisse, ici comme ailleurs, faire échec à la raison naturelle, c'est la Raison d'Etat ; or cette raison-là n'est pas une raison, c'est la violence, c'est une violation ouverte, une négation brutale du Droit lui-même : en un mot c'est le crime.

* * *

C'est cette raison qu'invoqua Sparte un jour, pour décréter l'expropriation de l'enfant, et créer cette première et fameuse école gratuite et obligatoire, où la jeunesse était dressée au vol, au pillage et au meurtre, tout en étant soumise à une discipline de fer.

C'est cette raison qu'invoqua un roi de France pour enlever aux Albigeois la liberté d'enseigner à leurs enfants à prier en français.

C'est cette raison qu'invoqua Louis XIV pour supprimer Port-Royal et jeter aux quatre vents les ruines d'une des plus nobles écoles du monde.

La révocation de l'Edit de Nantes, la St-Barthélemy, les fureurs et les horreurs des guerres de religion, le martyre des grands hommes depuis Socrate jusqu'à Galilée et au-delà, voilà les illustres triomphes, voilà les nobles trophées incrits au compte de la raison d'Etat luttant contre la liberté d'enseignement.

* *
*

Que l'Absolutisme s'énorgueillisse de ces coups immortels dont les peuples saignent encore, et reste fidèle à l'horrible principe de l'intolérance, il est parfaitement dans son rôle : c'est même le seul rôle qui lui convienne.

Mais que la République glorifie cette tradition du crime en l'adoptant ; qu'elle piétine sur la liberté pour fonder la liberté ; qu'elle nie l'individu pour créer le droit de l'individu ; qu'elle nie la famille pour créer le droit de la famille, cela dépassera toujours la raison de celui qui aime la liberté pour la liberté.

* *
*

La Prusse, par cela qu'elle pratique l'école gratuite et obligatoire, entendrait-elle peut-être la liberté d'enseignement autrement que l'absolutisme des autres pays?

Il est un dogme chez elle qui prime tous les autres : ce dogme, le voici : le roi ou l'empereur est le maître et seigneur absolu de toutes choses ici-bas : l'ordre n'est qu'à ce prix.

Or, le propre d'un dogme est d'être ou de paraître éternel, c'est-à-dire toujours ancien et toujours nouveau. Pour cela, il a besoin de temples à lui propres où des prêtres le promulguent sans cesse.

En Prusse, le Droit divin a choisi pour tabernacle l'école. Toute école a son autel; sur cet autel émine un simulacre auguste devant lequel, chaque matin, l'enfant apprend à se prosterner, et dépose comme offrande une parcelle de sa personnalité.

« Tu seras entre nos mains comme un cadavre, » disait Loyola au novice qui entrait dans son ordre. — « Tu appartiens au Roy, » répètent à l'envi toutes les murailles de l'école teutonique; « tu es né pour servir le Roy; tu es pour la vie le soldat du Roy. La liberté?... tu la trouveras dans la discipline, c'est-à-dire dans l'obéissance passive. »

Et à chaque heure qui tombe de l'horloge, le maître jette un mot particulièrement cher au cœur chrétien des pieux Hohenzollern :

Erbfeind!

« Le roi a des ennemis héréditaires : vous êtes ses soldats : « mort aux ennemis du roi!... *Erbfeind!...* »

Les Jésuites ont également un verset obligatoire répété en chœur par les classes, au coup de chaque quart-d'heure :

Sancte Joseph, ora pro nobis !

* *
*

Pour établir solidement ce dogme fondamental dans le cœur de l'enfant, l'Etat ne s'en rapporte ni au père ni à la mère. Il faut, comme à Sparte, qu'il aille l'apprendre à l'école même : voilà pourquoi l'école est gratuite et surtout obligatoire.

Lecture, écriture, calcul, tout ce qu'il aura appris au foyer paternel, ne lui comptera pour rien : il lui faudra tout recommencer à l'école, et consacrer à ces éléments le temps fixé par la loi.

Pour avoir le droit d'éclore, l'œuf sera couvé vingt-et-un jours!...

En Prusse, une connaissance qui n'est pas estampillée par l'école officielle n'est pas une connaissance. Un agrégé de l'Université de Paris aurait beau dérouler tous ses diplômes à Berlin; Littré lui-même aurait beau présenter son dictionnaire :

s'il s'obstinait à ne pas vouloir passer d'examen devant une commission, qui généralement ne sait pas le français, il serait jugé incapable d'enseigner sa langue, et au nom de la protection que l'Etat doit à ses sujets, il serait condamné à l'amende ou à la prison s'il s'avisait de donner des leçons.

Ainsi le veut la loi, c'est-à-dire l'ordre, c'est-à-dire la discipline; et cette discipline s'appelle en Prusse *la liberté!*

* * *

L'école gratuite et obligatoire, qu'on semble envier à cet heureux pays, n'est donc au fond qu'un instrument de despotisme institué dans le double but d'asservir le peuple et de rendre illusoire toute liberté d'enseignement.

Non-seulement le père de famille ne peut déléguer à un tiers son droit naturel d'instruire son enfant, mais ce droit naturel lui est dénié à lui-même formellement par l'Etat, tout ce qu'il peut enseigner étant considéré comme nul et non avenu.

Si jamais Etat se montra jaloux du monopole de l'enseignement, assurément ce fut celui-là.

A côté de cet acte organique, Bismarck peut hardiment inscrire dans la constitution *la liberté de l'enseignement*. Elle ne lui sera pas plus redoutable que la liberté *disciplinée* de la presse et de la tribune.

III

LA LIBERTÉ DE L'ENSEIGNEMENT DEVANT LE RADICALISME

Tous les régimes despotiques s'accordent donc à voir dans la liberté d'enseignement un ennemi, un ennemi contre lequel tous les moyens sont bons.

La République va-t-elle continuer cette tradition de l'absolutisme? Va-t-elle inaugurer le règne de la liberté par la proscription de la liberté?

* * *

Je le sais : nombre de soi-disant républicains ont aussi des dogmes à promulguer et surtout à imposer; et pour arriver à leurs fins, toutes les mesures leur paraissent légitimes. Ces hommes-là sont des sectaires, non des républicains. Ne comptons pas sur eux pour fonder, soit le régime de la liberté, soit celui de la justice.

Le propre de l'égoïsme individuel est de se considérer comme le centre de l'univers, et de ne reconnaître d'autre libre arbitre que le sien. C'est au fond de cet égoïsme que réside la source d'où découlent l'absolutisme et la tyrannie avec le Droit divin.

* * *

« Mettons tout à la masse, » crient ces fougueux démocrates; « mettons toutes nos forces en commun; déposons entre les mains de l'Etat tous nos droits, toutes nos volontés, toutes nos énergies, afin que l'Etat devenu tout-puissant, — d'une part, puisse avoir raison de ceux qui voudraient penser et agir autrement que tout le monde, — d'autre part, puisse répartir, avec plus d'équité et d'égalité, sur tous les citoyens, le trésor de la liberté générale, somme des libertés particulières justement immolées à l'intérêt de tous. »

Voilà l'origine de l'ETAT-PEUPLE.

* * *

« Donnez, donnez encore, » dit cet Etat. « Plus vous donnerez, plus vous recevrez. Plus le pressoir brasse de matière, plus abondante et plus généreuse est la liqueur qui se distribue dans les réservoirs. »

« D'autres assurent la vie : moi, je me porte assureur général des libertés publiques. Inépuisable est notre capital social, infaillibles nos opérations, irrésistible notre puissance : nous sommes toujours un million contre un. »

Telle est la doctrine sur laquelle s'appuie le fier régime qui va s'intitulant « *Radical-libéral.* »

Appliquons cette doctrine à la question de la liberté de l'enseignement.

* * *

Les écoles officielles se dépeuplent à vue d'œil, et les déserteurs cc rent grossir les rangs des maisons rivales de l'Etat.

Les écoles laïques sonr en décadence, les écoles cléricales croissent et se multiplient.

« Cet objet nous déplait, » s'écrient les radicaux-libéraux. « La gent cléricale nous est odieuse : ses origines, ses maximes, ses traditions, ses méthodes et jusqu'à sa robe. Nous jugeons cette secte dangereuse pour la patrie, dangereuse pour l'avenir de la France. Elle tient en échec l'Université; le drapeau de l'Ultramontanisme flotte sur la moitié des écoles du pays; la jeunesse menace d'échapper à l'enseignement national. Il y a donc péril en la demeure : il importe de mettre l'école en état de siége. »

« Devant un si pressant danger, comment l'Etat ne s'émeut-il pas? Prêtons-lui main forte, et qu'il extirpe une fois pour toutes cette plante parasite qui épuise ou empoisonne la nation, et qu'il la précipite au fond de quelque cloaque d'où elle ne remonte plus jamais à la lumière. »

Ainsi parle, ainsi décide le radicalisme.

* *
*

A nous aussi les Jésuites sont odieux : leur caractère, leurs maximes, leurs traditions, leurs procédés.

Nous aussi tenons pour anti-nationale et pour funeste à la France la secte haineuse et sournoisement tyrannique, génie de l'hypocrisie et de l'intolérance, champion de l'absolutisme, qui a fait périr Port-Royal, divinisé tant de mensonges, dépouillé l'idée chrétienne de ce qu'elle pouvait avoir de respectable.

Nous aussi déclarons qu'il faut aviser à soustraire la jeunesse française à cette influence pernicieuse aujourd'hui, et qui sera désastreuse demain. Mais les moyens du régime radical ne sont pas, ne seront jamais les nôtres. D'accord sur le but à poursuivre, nous différons complètement sur les mesures à prendre.

Ce n'est ni à la persécution, ni à un coup d'Etat qu'il faut recourir. La persécution ne ferait que grandir le prestige de l'ennemi ; et ce n'est pas en réintégrant le despotisme que nous vaincrons le despotisme.

* * *

L'Etat-peuple est une de ces grossières machines de guerre qui ne blessent que ceux qui s'en servent : une machine de guerre qu'un adversaire moins fin que le Jésuite parvient sans peine à tourner contre ses propres inventeurs.

Malheureux ! Vous venez de recouvrer, après cent ans de souffrances et d'efforts, le trésor de votre liberté, et dès le lendemain vous songez à vous en dessaisir, vous parlez déjà de l'aliéner ! Voulez-vous donc réaliser une fois encore, à votre détriment, la fable du cheval et du sanglier?

* * *

D'ABORD — par respect pour la liberté, renoncez à ce sobriquet de *radical* aussi vide que ridicule, qui ne peut que faire soupçonner votre libéralisme et partant le déconsidérer.

On est libéral ou on ne l'est pas.

L'adverbe *radicalement* n'a rien à faire ici, à moins qu'il ne veuille dire :

Libéral même au prix de la justice,

Libéral par la manière forte et la violation du droit,

auquel cas votre libéralisme devient synonime de *despotisme.*

Que si, pour vous aussi, le but justifie les moyens, dites-moi, je vous prie, quelle supériorité avez-vous sur les Jésuites ?

ENSUITE — gardez-vous, ô gardez-vous d'engager jamais votre liberté, fût-ce pour un jour, quel que soit celui qui vous la demande et quel que soit l'ennemi qui vous assiége.

Gardez-vous de livrer à l'Etat la seule arme qui rende votre personne redoutable, le seul attribut qui la fasse inviolable.

Evitez de donner jamais un blanc-seing à l'Etat ; gardez-vous de vous dépouiller en sa faveur, quelque séduisantes que soient ses promesses, d'une force que cet Etat, dans un moment de vertige, pourrait être tenté d'employer contre vous-même, sous prétexte de faire votre bien *malgré vous.*

* * *

Si l'Etat était représenté par un *dieu*, peut-être pourriez-vous hasarder de vous confier à lui, pieds et mains liés; mais il est représenté par des hommes, par des hommes non moins faillibles que chacun de nous.

Transmettre à un tiers le soin de défendre notre liberté, c'est reculer ou déplacer la difficulté, ce n'est pas la résoudre.

Quand donc sera close l'ère des sauveurs politiques?

Quand donc comprendrons-nous qu'il n'y a pas de sauveur capable de sauver un peuple qui ne sait pas se sauver lui-même?

IV

LES JÉSUITES DANS L'ÉCOLE. — DUALISME ET CONFLIT SCOLAIRE

Examinons attentivement et froidement la position de l'ennemi. Evaluons ses forces, déterminons la puissance et la portée de ses batteries. Nous discuterons ensuite sur les armes à employer et sur le champ de bataille où il convient d'en venir aux mains.

Comme les peuples, l'Eglise a appelé à son secours des *sauveurs*. Les peuples se sont donnés à des Césars : l'Eglise s'est livrée aux chefs traditionnels des milices cléricales, « *aux Jésuites.* » Elle s'est incarnée ou plutôt anéantie en eux, comme la France un jour dans les Bonaparte, comme l'Allemagne actuellement dans les Hohenzollern.

Les Jésuites ont demandé des armes à l'Eglise, et l'Eglise s'est prêtée à toutes leurs fantaisies.

Leur mission réelle, tout le monde la connaît : c'est de reconquérir la société à l'Eglise ou plutôt à la papauté. L'instruction du peuple pour eux n'est pas un but final mais simplement un moyen. C'est un présent intéressé offert en vue de se ménager un accès dans la place. Dupeur et trompeur ne furent-ils pas toujours synonimes de Jésuite?

* * *

Abandonnant à leur endurcissement les anciennes générations, ils ont entrepris les nouvelles comme étant plus malléables, plus dociles, moins rebelles au joug. Renonçant au présent, ils ont travaillé pour l'avenir.

L'esprit de domination est un démon qui rend capables de tous les sacrifices les âmes qui en sont possédées.

On a donc vu les Jésuites jeter sur la France en quelques semestres un véritable réseau d'écoles nouvelles; et ces écoles ont frappé le monde à la fois par leur belle tenue, par l'abandon hardi de la routine, par de brillants succès dans leur lutte avec les meilleurs contingents de l'Université.

Faisant plus vite et mieux que l'école officielle, ils ont attiré sur leurs maisons l'attention des familles, lesquelles sont allées naturellement du côté où les appelait leur intérêt.

Ce mouvement a été pour l'école officielle un coup de fouet qui l'a réveillée enfin de sa longue léthargie. Elle a imploré aussitôt l'assistance de son protecteur naturel, l'Etat; mais l'Etat s'était désarmé lui-même en inscrivant de sa propre main dans la constitution la liberté de l'enseignement.

Nous en sommes là.

La guerre est déclarée. Dans les deux camps on se ceint pour la lutte. La bataille est imminente. Du choix des armes et de la tactique dépend la victoire.

V

LES TROIS MOYENS DE L'ÉCOLE OFFICIELLE

L'école officielle peut procéder de trois manières contre sa rivale.

1° Par une lutte corps à corps, sur le terrain d'une libre concurrence,

2° par la suppression de l'ordre des Jésuites,

3° par la suppression de la liberté d'enseignement.

1er *moyen.* La lutte corps à corps, la libre concurrence, c'est, pour le moment, ce que demande le Jésuite. Sur ce terrain il se croit assuré de la victoire. Si l'école officielle a pour elle l'Etat, le Jésuite dispose de l'Eglise et de la femme : contre ces deux forces réunies les portes de l'Enfer ne prévaudront jamais.

Si la victoire est pour celui qui aura le plus d'initiative, et qui fera preuve du plus de souplesse et d'abnégation, nul doute que le Jésuite n'ait les honneurs du triomphe.

L'Université est un corps trop lourd, trop apathique ou trop indifférent pour pouvoir jamais tourner un ennemi aussi preste et aussi maitre de ses mouvements que les légions commandées par les Jésuites.

Au besoin, ceux-ci corrompront les chefs des colonnes ennemies, ou jetteront dans le camp opposé de faux transfuges qui le leur livreront à l'heure opportune.

Que si l'école officielle, pour entraver le recrutement des forces rivales, réclame contre des immunités plus que scandaleuses, et demande que le Jésuite soit soumis au régime commun de la conscription, celui-ci ne manquera pas de retourner contre l'instituteur officiel le texte qui proclame l'égalité devant la loi, et alors si la justice n'a qu'un poids, les chances des deux partis resteront exactement les mêmes.

L'école officielle, en dépit des nombreux priviléges que lui assure l'Etat, doit donc éviter d'en venir aux mains sur le champ de la libre concurrence.

* * *

2me *moyen.* La suppression de l'ordre des Jésuites, c'est-à-dire la suppression de l'ennemi : voilà le procédé de prédilection des partisans de la *manière forte;* voilà le procédé que le radicalisme prêche du haut des toits. A défaut d'autres avantages, ce moyen a du moins celui d'être radical: pour triompher d'un rival, commencez par le supprimer.

Afin d'assurer à Athènes la suprématie sur la Grèce, Thémistocle proposa un jour d'incendier la flotte alliée de Lacédémone à l'ancre dans le port de Gythée.

La chose peut être profitable à la République, lui répondit Aristide, mais elle est souverainement malhonnête :

perutile consilium — sed minime honestum.

* * *

Si l'honnête homme d'Athènes avait eu à apprécier le moyen proposé par la sagesse du radicalisme, nul doute qu'il ne l'eût flétri de la même sentence.

Lorsqu'une nation comme la France a permis à une industrie honorable de s'établir et de se développer au milieu d'elle, serait-il digne de cette nation de proscrire cette industrie sur la simple requête d'une rivale protégée de l'Etat? Ne serait-ce pas le système de la prohibition pratiqué jusque dans l'intérieur du pays?

S'il prenait fantaisie à l'Etat de protéger tel ou tel agriculteur, s'arrogerait-il le droit de supprimer tous les autres?

Dans ce procédé avoué du régime *radical-libéral*, on dirait difficilement laquelle des deux l'emporte — de l'iniquité ou de l'ineptie.

Tout projet législatif veut être motivé: quels motifs alléguerez-vous qui vous autorisent à enlever au Jésuite le droit d'enseigner?

Invoquerez-vous contre lui sa robe et son rabat ou bien sa tonsure, ou peut-être le pouvoir occulte qu'il a reçu de chasser les démons?

Quel est le député législateur qui assumera l'honneur de porter cette motion, et quel est le ministre qui apposera son nom à un décret étayé de ces trois raisons?

* * *

Mais je vous entends: « si le Jésuite pouvait avoir le dessus, » dites-vous, « son premier soin serait de supprimer la liberté d'enseignement. Donc... œil pour œil, dent pour dent! »

« Jusqu'ici, » disaient les Radicaux de Genève, « les Sœurs de charité n'ont fait que du bien, mais soumises comme elles le sont à l'influence de Rome, qui peut garantir qu'elles ne feront pas de mal? » Donc... qu'elles soient bannies du territoire de la liberté! » Et la justice les a bannies pour des péchés qu'elles n'avaient pas commis, mais qu'elles *pouvaient* commettre.

Et vous osez vous dire républicain?... C'est Prussien qu'il faut dire.

N'est-ce pas au nom de ce noble principe que Bismarck a

consommé le forfait de l'annexion? « Je suis persuadé » disait-il, « que les Français convoitent nos provinces du Rhin, donc... nous avons le droit de les prévenir et de leur soustraire l'Alsace et la Lorraine !... »

Voici un passant qui *a l'air* de convoiter ma chaîne de montre ; donc... j'ai le droit de me jeter sur lui, et de le dépouiller le premier et de sa chaîne et de sa montre !...

Voilà le Droit prussien et celui du régime radical.

Crois ou je te tue ! crie l'homme de Dieu ;

Le Droit sera ce que nous voudrons ! déclare le Libéral-radical.

* * *

Tout effet a une cause. Si l'enseignement des Jésuites prospère au point d'inquiéter l'école officielle, c'est qu'il répond à un besoin. L'offre suppose la demande. Si la demande est sérieuse et légitime, de quel droit proscrivez-vous l'offre ? Ou bien déclarez-vous illégitime à priori tout besoin que vous serez impuissant à satisfaire chez autrui ?

Je veux, moi, donner mon enfant à instruire à un homme qui professe et représente ma croyance religieuse. De quel Droit interdirez-vous à cet homme de me rendre le service que je lui demande ?

La foi ne se commande pas, et il m'est permis de traiter de « *persécuteur* » l'Etat qui me condamne à confier mon enfant à un homme d'opinions et de principes opposés à ceux de son père. Qu'ont fait de plus les ravisseurs du petit Mortara ? Ils s'arrogeaient, comme vous, le droit de faire le bien de l'enfant malgré sa famille.

* * *

Dans ce système que devient la liberté de conscience ? Prenez garde : la pente est glissante. Votre intolérance scolaire menace de tourner en intolérance religieuse. Prenez garde de faire de l'enseignement une question confessionnelle, et de nous précipiter dans un abîme analogue à celui où se débat depuis des années la République de Genève.

Le coup que votre jalousie ou votre rancune destine au

Jésuite porte plus loin que sa personne. Il atteint et frappe au cœur cette partie de la nation qui croit ce que le Jésuite croit, qui adore ce que le Jésuite adore ou fait mine d'adorer.

Supprimez d'abord cette partie convaincue de la nation, ou bien convertissez-la à ce qui est pour vous la vérité, et vous aurez le droit de supprimer le Jésuitisme, s'il ne se supprime pas de lui-même.

N'y eût-il en France qu'une femme qui éprouvât sincèrement le besoin de se confesser, l'Etat, qui a tant contribué à faire la religion ce qu'elle est, l'Etat n'a le droit ni de décréter l'abolition de la confession ni de chasser le prêtre ou le capucin que cette femme réclame.

Vivre et laisser vivre, disait Gœthe : *Leben und leben lassen.*

Croire et laisser croire, ajouterons-nous.

* * *

Mais le Jésuite trompe indignement le peuple, se récrie-t-on ; l'Etat doit intervenir pour protéger l'ignorant contre le charlatan.

A merveille! ... l'Etat doit tout faire : il sera infaillible comme Rome ; il décidera de la vérité et de l'erreur; il scrutera les cœurs, sondera les reins. Votons alors pour un nouveau gouvernement de combat, et au nom de la liberté crions tous :

revive l'Ordre-moral !!!

On trompe le peuple, dites-vous? — Que l'Etat intervienne pour lui garantir *la liberté de s'instruire*, mais non pour proscrire ceux qui le trompent sciemment ou insciemment. L'Etat n'a pas charge de porter à la frontière tous ceux qui mentent en France. S'il avait cette mission, il courrait risque d'être condamné à s'y déporter lui-même quelquefois.

* * *

Mais supposons que la République inspirée par le génie de la fausse liberté déclare et mette le Jésuite hors de la loi, aura-t-elle fait quelque chose?

Le Jésuite n'est pas Jésuite par son tricorne, mais par sa conscience et par sa foi, ou si l'on aime mieux, par son for intérieur. Or ces choses-là sont à l'épreuve de toutes les brutalités de l'Etat. La *manière forte*, quand elle passe dans le domaine spirituel, est toujours la *manière faible*. Le rôle de persécuteur ne fut jamais un beau rôle; et dans le cas qui nous occupe, le véritable représentant de la liberté morale, ce n'est pas le bourreau, c'est la victime.

S'attaquera-t-on, à l'exemple du Radicalisme genevois, à la forme de l'habit ?

On ne change pas la qualité d'un vin en le versant d'un verre à côtes dans un verre uni. On ne change pas davantage le caractère du prêtre en proscrivant son costume traditionnel. Et ce n'est pas celui qui endosse l'habit vulgaire qui est ridicule, mais bien ce grave magistrat qui l'impose au nom de décrets solennels reportés dans les cent livres de la loi. Ce n'est pas celui qui se courbe devant l'Autorité qui s'amoindrit, mais l'Autorité elle-même, lorsque, pour être ou paraître quelque chose, elle descend à ces basses tracasseries.

Donc s'il le faut, et si c'est le bon plaisir de l'Etat, le Jésuite déposera son rabat et son tricorne, et remplaçant sa soutane par la redingote ou le paletot vulgaire, redeviendra un citoyen comme un autre.

A ce moment, l'Etat ne pourra plus sur lui que ce qu'il peut sur nous tous : c'est-à-dire, que le Jésuite pourra continuer de tenir école et d'enseigner comme auparavant, sans crainte d'être inquiété en aucune manière. La campagne aura donc été menée contre lui en pure perte. A quel signe en effet distinguerez-vous désormais l'école laïque de l'école cléricale ?

* * *

3e *moyen*. Que si le gouvernement veut à tout prix garantir l'école officielle contre les entreprises du cléricalisme, à quelle ruse recourra-t-il pour garrotter le Protée moderne ?

Nous ne savons absolument qu'un moyen : c'est celui où la logique des principes et des choses a conduit dernièrement le gouvernement radical de Genève, à savoir :

La suppression de la liberté d'enseignement.

L'ultramontanisme crocheté au pied de l'autel et jeté hors du sanctuaire pouvait avoir l'idée de chercher un refuge dans l'école libre et d'y déposer son venin. Afin de conjurer ce dernier péril, on a pris la résolution héroïque de démanteler *per fas et nefas* toutes les écoles libres.

Si quelques gerces se développent dans vos greniers à blé, consultez la sagesse de nos grands hommes d'Etat sur les mesures à prendre pour vous débarrasser de cette engeance ; ils tiennent à disposition une recette *radicale* : brûler le grenier avec le grain qu'il renferme.

« Abattons toutes les écoles, cléricales et laïques, » crie le radicalisme inspiré : « l'Etat y suppléera avantageusement par les siennes, et le Jésuite aura vécu. »

Quelques hérétiques fuyant devant St-Bernard se réfugièrent dans une église et s'y mêlèrent aux fidèles orthodoxes.

« *Egorgez-les tous,* » criait le Saint à ses féroces compagnons envahissant le lieu sacré, « *Dieu saura bien reconnaître les siens* ! ! ! »

« Cent boulets rouges sur la bibliothèque, » hurlaient les Vandales modernes campés devant Strasbourg, chastes guerriers du docte Hohenzollern ! « Au feu les impuretés françaises ! Périsse le bon grain avec le mauvais ! Le génie prussien saura bien ressusciter les archives de la science que son art aura foudroyées ! ! ! »

* * *

Maintenant, que justice soit rendue au bon sens d'un pays habitué à pratiquer la liberté. On sait l'accueil que le peuple genevois a fait au malencontreux projet de ses gouvernants. Le Radicalisme, il est vrai, était sorti de sa volonté ; mais pécher contre la logique lui a paru moins grave que faire abandon de la plus essentielle de ses libertés.

Le pouvoir d'enseigner cache dans ses plis deux autres pouvoirs ; celui de parler et celui d'écrire — la liberté de la tribune et la liberté de la presse. — Or ici la ruine du contenant entraîne fatalement la ruine du contenu.

La suppression de la liberté d'enseignement, nous l'avons démontré, est un acte ou plutôt un forfait commun à tous les despotismes. La République ne peut le commettre que par représailles. Or le régime de la liberté doit s'établir, doit se fonder non sur la colère et la rancune, c'est-à-dire la passion, mais sur la raison et l'équité, c'est-à-dire sur le Droit pur.

Donc la liberté d'enseignement sera, ou la République ne sera pas.

Supposons un instant que ce régime n'ait pas la force de résister à sa juste impatience et se laisse aller à la violence, quels effets aura sur l'enseignement lui-même ce mouvement désordonné ?

VI

UN COLLÉGE RADICAL-LIBÉRAL

Le gouvernement étant radical choisira des Commissions scolaires radicales, et les Commissions radicales chercheront avant tout des professeurs agréables au pouvoir, c'est-à-dire des pédagogues radicaux. Cette nécessité logique engendre forcément un privilége, un privilége contre lequel ne pourra prévaloir aucune science, aucune capacité intellectuelle qui ne s'avouerait pas radicale.

Le collége soi-disant national sera donc un collége de parti et de coterie, un instrument docile du pouvoir exécutif qui l'a créé et qui l'entretient.

Et si le radicalisme commande à un grand pays centralisé, toutes les écoles étant coulées dans le même moule, jamais l'uniformité scolaire n'aura atteint un degré aussi élevé.

Voilà pour le personnel, passons à l'enseignement.

* * *

Le collége radical-libéral sera sans rival, puisque l'Etat a eu la précaution de raser toute institution qui n'est pas sienne.

La concurrence est d'ordinaire une garantie pour la bonne mesure et la bonne qualité de la marchandise. Ici, tout concurrent étant sévèrement écarté, le public devra s'en rapporter entièrement à la bonne foi du débitant autorisé à vendre sans poids et sans mesure.

Quoi qu'il arrive, tout sera évidemment pour le mieux dans le meilleur des colléges possibles. Comment l'Etat aurait-il le courage de s'infliger à lui-même un blâme ? Comment aurait-il l'idée de se décerner autre chose que des éloges et des couronnes pour une œuvre qui est entièrement sienne, et dont-il n'est au fond responsable que devant lui-même ?

Dans ces conditions un relâchement général est inévitable. L'adoration de soi-même n'a jamais produit le dévouement au bien public.

Qui osera adresser la moindre observation à un personnel altier qui ne croit relever que du Ciel ? La réclamation la plus légitime peut-elle être reçue autrement que comme une offense et un outrage par un corps enseignant qui procède de l'infaillibilité d'un gouvernement-peuple ?

Faire le vide autour de soi, s'isoler le plus possible du public, soustraire son œuvre à tout contrôle intelligent, et finalement se confire doucement en soi-même, voilà le propre de toute institution *autoritaire*, c'est-à-dire qui n'a de libéral que le nom ?

Or cette évolution fut et sera toujours incompatible avec celle du progrès.

Dans un collége radical-libéral autorisé *de par l'Etat* à se considérer et à s'admirer comme la huitième merveille du monde, le niveau des études peut baisser, mais s'élever jamais.

* * *

Enfin, de quelle tyrannie, de quelles iniquités ne sera pas capable une école souveraine ou privilégiée animée d'un pareil esprit ?

Malheur à la maison d'éducation qui s'avisera de lui envoyer des enfants. En effet, les devoirs de ceux-ci devant être surveillés et corrigés en dehors du collége, l'œuvre du maître et ses méthodes passeront sous l'œil d'un pédagogue étranger. Contrôle et critique sont donc ici à redouter. Dès lors un conflit est inévitable.

Or le régent privilégié a en main tout ce qu'il faut pour briser celui qu'il considère comme un ennemi, à savoir : *les examens.*

Soyez sûr qu'il ne se fera pas faute d'user de cette arme dictatoriale, soit directement contre l'élève coupable d'avoir commencé ses études ailleurs qu'à l'école de l'Etat, soit indirectement contre des surveillants importuns.

Il sera brutalement enjoint au tuteur ou instituteur libre de s'occuper de tout excepté de la direction et du travail intellectuel des enfants à lui confiés.

Cette tyrannie dans l'enseignement n'est ni une fiction ni une vaine déduction logique. Vous la trouverez partout où existe cette institution soupçonneuse et jalouse qui s'appelle

un collége radical-libéral.

VII

LA LIBERTÉ DE L'ENSEIGNEMENT DEVANT LE LIBÉRALISME

Réunissons ici dans un seul et même nœud les fils épars d'une dialectique trop libre peut-être et trop vagabonde.

L'homme a le droit d'enseigner comme il a le droit de parler, comme il a le droit de penser, comme il a le droit de croire.

Donc, dans une constitution sincèrement républicaine, la liberté d'enseignement doit figurer à côté de la liberté de conscience. L'une est le corrélatif obligé de l'autre. Sans la première la seconde n'est qu'une chimère et réciproquement.

Dans l'histoire aucune des deux n'a été en vérité respectée. Quelques chartes ont pu les porter, mais elles y sont restées lettres mortes. En jurant fidélité à la constitution, les représentants du pouvoir n'ont jamais manqué de faire des restrictions mentales qui éludaient ces libertés en les subordonnant soit à leurs intérêts personnels, soit à ceux de l'Etat.

Despotisme et liberté d'enseignement sont deux termes qui s'excluent. Au contraire, République et liberté d'enseignement s'appellent comme les deux parties d'un même tout, se veulent comme le but veut le moyen, comme l'effet veut la cause.

Cela posé, arrivons à la conclusion, autrement dit : présentons notre solution et justifions-la.

* * *

Nous voulons la liberté, non pour nous seul mais pour tout le monde. La liberté qui opprime n'est pas la liberté, c'est le despotisme. L'homme qui enchaîne ou asservit son semblable n'est pas un homme libre, c'est un tyran.

Nous voulons la liberté d'enseignement pour tous les français, quelle que soit leur condition, quelle que soit leur croyance, quelle que soit leur couleur, quel que soit leur costume. Chaque homme a le droit de pétrir et de vendre le pain qui alimente le corps, que chaque homme ait également le droit de façonner et d'offrir au public le pain qui nourrit l'âme.

La concurrence est le fouet du progrès : si elle n'était pas, il faudrait l'inventer. Donc que l'école cléricale rivalise avec l'école laïque. Il serait indigne de la seconde d'avoir peur de la première, et de réclamer contre elle l'inique et odieux régime de la prohibition. L'école laïque qui a pour elle l'avenir, les umières de la science, la force invincible du Droit, ne peut sans honte reculer devant un duel avec l'école cléricale qui a pour alliés les privilèges, c'est-à-dire les iniquités du passé, et pour drapeau les ténèbres.

* * *

Nous répudions comme un blasphème l'hypocrite et lâche précepte du radicalisme : « donnons-nous à l'Etat, faisons-nous Etat, afin que le Droit soit ce que nous voudrons qu'il soit ; » ou, comme l'a traduit quelqu'un :

Afin que nous puissions faire ce que nous voulons.

Nous, simples libéraux, nous voulons que le Droit soit le Droit, quel que soit le pouvoir qui l'exerce ; nous voulons que la liberté soit la liberté, quel que soit le souverain qui règne.

Le Droit et la liberté fabriqués et octroyés par l'Etat est une duperie, un mensonge intentionnel que la raison doit combattre de toutes ses énergies ; — ou bien c'est une illusion produite par le génie de la fausse liberté : comme telle, elle peut compromettre la vraie République et lui porter malheur.

Le Droit et la liberté ne sont pas des faveurs ou des grâces distribuées, comme les croix d'honneur, selon le bon plaisir du souverain : ce sont deux attributs naturels qui naissent avec l'individu et pour l'individu.

. . .

« Tout cela est bon en théorie, » va-t-on peut-être nous répliquer ; « Mais vous avez devant vous un adversaire implacable qui ne désarmera jamais : c'est le cléricalisme, c'est le jésuitisme, l'ennemi-né de la liberté et de la République, le fauteur du privilége, le suppôt de la tyrannie. Et si vous n'attaquez pas, c'est lui qui attaquera. Avec quelle arme le combattrez-vous ? »

— Avec l'arme de la liberté !... mais de la *vraie* liberté...

C'est la seule que redoute le génie du despotisme, la seule dont les coups lui soient mortels.

C'est sur le terrain égal du Droit commun qu'il faut livrer bataille ; c'est sous l'étendard de l'équité qu'il faut marcher au combat :

Hoc signo vinces !

VIII

TACTIQUE ET REQUÊTE DU LIBÉRALISME

Notre tactique est fort simple, la voici :

La liberté de l'enseignement sera proclamée, une liberté pleine et entière. Trois mille écoles sont à fonder. Libres également et avant tout sont les municipalités, et elles appelleront à leur gré et selon leurs convictions, — qui, un personnel laïque, — qui, un personnel clérical. Ces écoles rivaliseront de toutes les manières : ce sera leur droit comme leur intérêt ; et cette émulation ne pourra que profiter à la science et à la culture générale.

A celles qui feront le mieux appartiendra l'avenir.

. . .

L'émancipation morale de l'homme est l'objet principal et *avoué* de toute école honnête et sérieuse. Par suite, un homme qui représenterait un privilége, et qui en vivrait, serait mal qualifié pour parler contre le privilége, et préparer le règne de la liberté et de l'équité en enseignant au peuple ses droits et ses devoirs.

Or le diacre et le pédagogue officiel jouissent l'un et l'autre d'une prérogative qui blesse la raison moderne et porte atteinte au principe de l'égalité devant la loi. Nous ne craindrons donc pas de demander à ces deux privilégiés l'abandon et le sacrifice de cette prérogative.

Aucune corvée ne saurait racheter ce qu'on appelle l'*impôt du sang* : la justice demande que chaque citoyen valide soit soumis à la loi de la conscription.

* * *

Il n'y a aucune parité entre le jeune normalien logé, nourri, instruit : puis établi et rétribué par l'Etat — et le malheureux conscrit dépouillé subitement de son libre arbitre, et condamné à donner les plus belles années de sa vie à l'abrutissement du camp et de la caserne.

Il n'y a aucune parité entre le jeune et brillant abbé logé, nourri, instruit gratis au séminaire : puis installé prêtre ou vicaire, vendant des messes, bénéficiant de la vie et de la mort, trônant en chaire, gouvernant le confessionnal, disposant des consciences — et le pauvre *pioupiou* manœuvrant sous le feu du ciel ou dans la fange, travaillant sans trève et sans relâche pendant cinq ans à faire de son être un bloc insensible de chair à canon.

Le premier sert la patrie en vivant dans les splendeurs, les délices et les honneurs, le second en vivant dans l'abjection, les privations et le sang.

Quand il s'agira d'opter entre ces deux services, quel est le jeune homme qui ne sera pas tenté de faire violence à sa nature et à sa conscience, plutôt que d'affronter le martyre du service militaire ?

* * *

Monstrueuse, nous l'avons déjà caractérisée, monstrueuse est cette iniquité sociale, disons plutôt *nationale*, car il n'y a plus guère que la France qui l'ait conservée dans sa constitution.

Le premier acte d'un pouvoir législatif, d'une Chambre franchement républicaine, serait, ce nous semble, d'effacer du code cette odieuse inégalité.

Puisque le despotisme continue à vouer les peuples d'Europe à la barbarie, et à entretenir, en le glorifiant, l'instinct sauvage du meurtre international, allons aux camps, mais allons-y tous. Apparemment, votre vie ne vous est pas plus chère que la mienne ne m'est chère, et le temps est bien passé où les prières étaient efficaces pour défendre la patrie.

Lorsque le système du remplacement était en vigueur, l'exemption avait au moins un semblant d'équité. On pouvait dire que l'un payait en espèces ce que l'autre acquittait en nature. L'obligation du service, qui devait être une mesure égalitaire, a détruit complètement ce semblant de justice, et a eu pour résultat de mettre en relief, en le grandissant démesurément, le privilége du régent et du prêtre.

* * *

Si quelqu'un a intérêt à tenir éloigné le brigand ou envahisseur étranger, c'est plutôt celui qui a des biens, des jouissances, une place à défendre, que celui qui n'a rien à attendre du sol qu'on est convenu d'appeler *la Patrie*. C'est cette idée qui a présidé ou a dû présider à la loi du service obligatoire. Malheureusement, cette loi, en voulant détruire une iniquité, en a consacré une autre.

Nous demandons que celle-ci soit détruite à son tour, et qu'avec elle disparaisse le dernier des priviléges.

La pédagogie et le sacerdoce sont deux vocations, deux métiers comme les autres : la justice exige qu'ils soient soumis au droit commun.

IX

L'ENNEMI DÉSARMÉ. — FIN DU DUALISME SCOLAIRE

Engagée sous les auspices d'une parfaite égalité civile, en faveur de quelle école se terminera la lutte ?

Pesons attentivement les chances des deux rivales.

L'horreur du service militaire et l'horreur du travail des champs, voilà les sources vives où le cléricalisme puise la plus grande partie de ses forces. Dispensé lui-même du travail manuel, exempté des corvées civiles, il exploite à merveille ces deux immunités pour attirer à lui les aides qui peuvent lui faire besoin. Mais que l'un de ces privilèges ou les deux à la fois lui soient retirés, où recrutera-t-il ses légions ?

Si l'Etat tient absolument à ce que l'école devienne purement laïque et que le jésuitisme s'éteigne, il n'a que deux mesures à prendre, deux mesures légitimes entre toutes : d'abord abolir la monstrueuse iniquité dont il a été parlé, ensuite munir toutes les écoles d'adultes d'un enseignement professionnel.

Dès lors la misère, la fainéantise, la lâcheté et l'égoïsme cesseront de produire des vocations forcées. La foi, la conviction seront seules à pouvoir être exploitées. Le clergé se trouvera tout naturellement épuré et l'école aussi ; et le dualisme scolaire disparaîtra comme par enchantement.

Ces dispositions de la loi future seront, bien mieux que tous les décrets ministériels, un arrêt de mort pour l'école cléricale. Aussi, attendons-nous à une rude bataille, à une lutte acharnée, à une résistance désespérée autour de ces deux points.

* * *

Supposons maintenant que le cléricalisme accepte l'offre que lui fait la liberté, qu'il se porte comme candidat aux écoles cantonales, et qu'il parvienne à se faire agréer par un certain nombre d'entre elles. S'y trouvera-t-il bien à l'aise ? Ira-t-il facilement à ses fins ?

Rappelons-le : la fin dernière du Jésuite, c'est la *volupté* de la domination morale. Or, ce qui fait du Jésuite, sous ce rapport, un être redoutable, c'est le secret, c'est l'ombre, c'est le mystère dans lequel il élabore son œuvre. Le jour où il sera obligé de travailler à découvert, face à face avec un conseil municipal, de soumettre à celui-ci ses buts et moyens, d'invoquer ses conseils, de mériter son approbation en se conformant à ses désirs : — ce jour-là, l'ennemi sera complètement désarmé ; son venin ou son fiel sera éventé, sa griffe émoussée, sa dent sera devenue inoffensive.

Le jésuitisme alors ou bien se convertira, ou bien lâchera prise. La plante parasite ou bien rentrera dans la substance du végétal qui la porte, ou bien émigrera vers des espèces plus favorables à son développement.

* * *

L'auxiliaire le plus puissant du cléricalisme, après son immunité ou privilége civil, c'est sans contredit la centralisation de l'enseignement secondaire en France. Entre deux lycées, il y a largement place pour un séminaire ; et le directeur peut hardiment compter sur le zèle des curés de la contrée pour lui recruter des élèves : leur concours lui est acquis pour faire de l'établissement une maison modèle, capable de tenir tête aux écoles laïques de l'Etat.

Mais que les écoles cantonales sortent de terre, et les conditions de l'école cléricale changent du tout au tout. Les nouveaux établissements attirent et absorbent évidemment toute la jeunesse. Sous l'influence des disciplines professionnelles, couvents et séminaires se vident à l'envi.

La pédagogie laïque, déployée sur le pays en bandes innombrables de tirailleurs, combattant ici, là-bas, partout, étonne, déconcerte et paralyse l'ennemi, l'accule et le force à demander merci.

* * *

Ainsi s'évanouira ce que l'influence du jésuitisme peut avoir de pernicieux ; ainsi tombera son pouvoir occulte ; et la nation sera rendue à elle-même, la famille à elle-même, l'individu à lui-même.

Qui aura fait ce miracle ?... La LIBERTÉ !...

La LIBERTÉ prenant pour auxiliaire le DROIT et pour organe l'ECOLE CANTONALE.

X

L'ENSEIGNEMENT RELIGIEUX

L'école doit être ouverte à tous les enfants, sans distinction de culte et de croyance. Une religion d'école n'est pas plus rationnelle qu'une religion d'Etat. On parle de tous côtés de la nécessité de séparer l'Eglise de l'Etat : il faut commencer par séparer l'Eglise de l'école. C'est au nom de la liberté de conscience et de la liberté d'enseignement que nous invoquons cette séparation.

Là où l'Eglise est opprimée, elle se réclame de la liberté de conscience ; que ce même principe lui soit sacré là où elle domine.

La raison et la foi doivent avoir absolument leurs sanctuaires séparés. Si les hommes avaient un seul et même credo, la première pourrait à la rigueur prêter le sien à la seconde et réciproquement : mais les religions, loin de s'absorber ou de s'unifier, se dédoublent tous les jours.

Imposer une religion à une école, — c'est d'abord proclamer l'intolérance religieuse comme un droit : chacun sait où mène ce droit ; — c'est ensuite profaner le sentiment religieux lui-même ; —enfin c'est blesser de parti pris et au nom de la charité la conscience des familles et des individus.

* *
*

C'est devant le foyer paternel et sous les yeux de sa mère que l'enfant doit faire ses dévotions quotidiennes. Là seulement la piété peut être sincère et recueillie. De grâce, ne nous parlez pas des exercices religieux du collége ou du séminaire : ceux qui les ont pratiqués savent qu'ils sont incapables de produire autre chose que l'indifférence, l'impiété ou l'hypocrisie.

Le sentiment religieux le plus robuste s'émousse et dépérit, sitôt qu'il cesse de communiquer directement avec ses deux sources naturelles : l'amour d'une mère et les traditions de la famille. C'est dans sa racine que réside toute la force du sentiment religieux. Il a le même âge que notre individualité, il a été nourri du même lait, il a respiré le même air et ne peut guère être détruit qu'avec elle. Essayer de le transformer, ou, comme on dit, de le « *convertir*, » c'est déclarer la guerre à l'individu ; c'est presque un homicide.

Les traditions religieuses sont dans les familles modernes ce que les dieux-pénates étaient dans les familles anciennes. Respect aux dieux-pénates !... Ils étaient inviolables chez les anciens, qu'ils le soient aussi chez nous.

Que l'école ne s'expose pas à les mutiler en voulant les restaurer.

* * *

Quant à l'enseignement des dogmes, c'est au prêtre et non au maître d'école, comme en Prusse, qu'en incombe la tâche et le devoir ; et c'est dans le temple, devant l'autel, en face des emblèmes et symboles de la foi, qu'il convient de donner cet enseignement.

Que si un fanatisme imbécile ou hypocrite qualifiait notre école d'*athée* nous répondrions :

— Elle est *athée* comme l'atelier où s'élaborent, sans qu'on y chante des psaumes, les miracles de l'industrie :

— Elle est *athée* au même titre que ce champ labouré qui produit sa moisson avec l'humble rosée du ciel, sans le concours de l'eau bénite.

L'*impie* est celui qui, par un vil calcul, professe et tente de mettre en pratique l'insolente maxime :

Hors de nous et de notre foi il n'y a point de vérité et partant point de salut...

CHAPITRE IX

LES OBJECTIONS

---

§ 1.

Premier cri d'alarme. — Détournement des legs faits à l'Eglise. — Source des vocations tarie. — La trinité pédagogique en face du prébystère.

Deux cris d'alarme vont être jetés à propos de la création de l'école cantonale : l'un par l'Eglise, l'autre par les partisans de l'Etat centralisateur. Les deux eurent toujours peur de la vie. Un cadavre en effet est plus docile qu'un être vivant et personnel.

* * *

« Y pensez-vous, » s'écrie le prêtre affolé? « D'abord les legs « faits jusqu'ici à l'Eglise, ces biens imprescriptibles des pau« vres, risquent de prendre un autre chemin et de chercher « l'école. Puis chaque homme se trouvant nanti d'un métier « fuira les privations du cloître et du sacerdoce, et la source « des vocations sera à jamais tarie. Enfin et surtout votre « trinité pédagogique établie sur la triple base de la science, « de la dignité et de l'activité, représente une force laïque « rivale de la puissance cléricale, une force dressée en face de « celle-ci pour la tenir en échec et détourner à son profit l'in« fluence légitime de l'homme de Dieu.

« En un mot l'école menace de supplanter l'Eglise. »

Notre réponse :

Si ce malheur arrive, c'est que l'Eglise l'aura mérité, et si elle l'a mérité, ce malheur ne pourra être qu'un bonheur !

Notre école en effet n'a d'autre fondement que la justice, d'autre appui que la liberté, d'autre passion que celle du bien, du beau et du vrai : pratiquez ces choses mieux que nous, et vous triompherez de nous.

§ 2.

Deuxième cri d'alarme. — Unité nationale en péril. — 1,000 Etats dans l'Etat — Soleil allumé pour tous. — Paris et la province. — L'école appui et frein de l'Etat. — Suffrage universel moralisé. — Le patriotisme éclairé et fortifié. — Correctifs naturels de la puissance scolaire. — Soupapes de sûreté. — Place pour mi'le Césars.

De leur côté les Jacobins modernes ou partisans de l'ETAT-PEUPLE nous crient :

Malheureux, vous tuez l'unité de la nation ; vous créez partout des centres de résistance ; vous faites surgir mille Etats dans l'Etat.

Notre réponse :

D'ABORD — de quel droit refusez-vous à la petite ville un privilége que vous accordez à la grande, et que vous prodiguez sous toutes les formes à la capitale? Pourquoi Paris aurait-il droit aux rayons purs du soleil ; pourquoi la province n'aurait-elle droit qu'à l'ombre et à la pénombre? Pourquoi et comment ce que vous considérez comme un bien pour Paris serait-il un mal pour Bernay, Laigles ou Loudéac?

Laissez donc le soleil rire pour tout le monde. Cela seul peut devenir fécond que la lumière touche.

ENSUITE — vous appelez l'école un centre de résistance, un foyer de rébellion peut-être.

Nous l'appelons, nous, le « *sanctuaire de la raison.* » Cela ne veut pas dire qu'elle y réside toujours et nécessairement, mais c'est là que chacun de nous a pris la sienne : le ministre, le président et l'empereur comme nous tous.

* * *

Loin d'être un centre de résistance, l'école sera pour l'Etat un point d'appui, ou, si l'on veut, un allié fidèle qui lui prêtera une force irrésistible, toutes les fois que la raison présidera à ses conseils.

Elle ne fera l'office de frein, que si le char de l'Etat menace d'être emporté par des passions folles et anti-nationales, et dans ce cas, le rôle de l'école ne cessera pas d'être un rôle utile.

Partout elle représentera non la révolution, c'est-à-dire le renversement de toutes choses, mais le progrès et la consécration de tout ce qui est bon.

* *
*

Le suffrage universel est une institution que j'oserai qualifier d'*immorale*, moi républicain, aussi longtemps que l'électeur sera maintenu, comme il l'a été jusqu'ici, dans l'ignorance des trois choses que voici :

1° Les lois fondamentales du pays,

2° La nature et la portée des faits politiques qui peuvent l'appeler devant l'urne électorale,

3° Les principes et les antécédents des candidats qui sollicitent sa voix.

En 1848 je pressais un paysan de voter une liste républicaine que je lui présentais. Il me répondit : *je ne connais pas ces hommes, mon ignorance m'impose le devoir de m'abstenir.*

Je n'étais alors qu'un collégien : mais cette réponse produisit sur moi une impression profonde, et me fit entrevoir dès ce moment l'abîme qu'il y a entre posséder un droit et avoir celui de l'exercer.

Tant de sagesse et de loyauté dans un homme qui ne savait ni lire ni écrire ne laissait place à aucune réplique : je restai muet.

Ce mot d'un pauvre agriculteur contenait en germe la réforme que nous entreprenons aujourd'hui.

* *
*

En Suisse, le programme de chaque école porte un paragraphe intitulé : *instruction civique*. Pourquoi ce qui est excellent là-bas serait-il dangereux ici ?

Vérité au-delà des Alpes, erreur en deçà !

Faire coopérer à la confection des lois et des constitutions des hommes qui ont à peine lu un livre dans leur vie, c'est tout simplement profaner le Droit.

Etonnez-vous après cela que nos ministères soient éphémères, que leur œuvre soit stérile, obligés qu'ils sont de dépenser leur énergie et leur temps à se défendre.

Etonnez-vous que les principes les plus élémentaires soient sans cesse remis en question, que l'ordre moral d'aujourd'hui soit l'ordre immoral de demain.

Etonnez-vous que, dans une société foncièrement républicaine par l'esprit et le tempérament, vous trouviez encore des chercheurs de trône qui se prennent au sérieux.

* * *

Dans ces conditions, la République est un brillant navire qu'on a lancé en pleine mer avant de l'avoir lesté. Le moindre coup de vent peut le faire chavirer ; et l'équipage toujours inquiet, uniquement occupé à maintenir l'équilibre, ne peut raisonnablement entreprendre de longs et utiles voyages.

Le leste qui a été oublié, c'est l'*éducation civique* de l'électeur.

Or, qu'on nous dise à qui incombe le devoir de la préparer mieux qu'à l'école ?

* * *

L'école pourrait-elle devenir comme l'Eglise un Etat dans l'Etat ?

Quand tout tourne, a dit Pascal, rien ne tourne. Quand des milliers de courants agissent sur l'Océan, sa masse prend l'équilibre, et le calme parfait règne à sa surface.

Chaque école cantonale représente un de ces courants. La France peut en créer au moins 3000, et les 3000 seront rivales par état comme par constitution. En outre, chacune aura un frein immédiat et tout puissant : le respect dû à la municipalité qu'elle sert et aux opinions que celle-ci représente.

La nouvelle institution est donc une force qui porte avec elle son correctif ; et ici l'Etat dans l'Etat est une conception chimérique qui n'a de réalité que dans les cerveaux maladifs de certains hommes pour qui se déplacer est synonyme d'aller au supplice et progresser synonyme de mourir. L'école libre ou municipale ne peut être qu'une bonne conseillère pour l'Etat, une amie et un auxiliaire d'autant plus précieux qu'il sera plus désintéressé.

* * *

L'école cantonale portera-t-elle atteinte à l'unité nationale ? Quand on augmente chaque partie d'une somme, l'arithmétique nous enseigne qu'on augmente la somme. Quand on fortifie chaque membre d'une nation, la raison déclare qu'on n'affaiblit pas cette nation, à moins que le pouvoir refuse de grandir avec elle. Car alors il y a conflit, et là où il y a conflit il y a déperdition de force. La discorde est une maladie, et toute maladie, de même qu'elle débilite l'individu, amoindrit la vitalité du corps social.

La nouvelle école est appelée à grandir indéfiniment chaque municipalité, à faire de chaque canton un foyer de vie.

* * *

Supposons que cette vertu, antipathique, je le sais, à certains esprits, la rende recommandable aux municipalités qui comprennent leur véritable intérêt, et qu'elle soit agréée par celle-ci. Le canton qui la recevra deviendra enfin quelque chose. Dès lors chacun s'attachera à un pays prospère qui lui offrira des avantages exceptionnels. Où aller pour trouver mieux? La province cessera d'être délaissée pour la capitale.

C'est cet attachement qui fait aujourd'hui le tourment des Alsaciens exilés d'une province que l'initiative individuelle et municipale avait élevée bien au-dessus des autres parties de la France.

* * *

Supposons encore que l'idée se propage ; qu'un district, un arrondissement, une région suive l'exemple du premier canton : voilà la France qui s'anime dans toutes ses parties.

Où est l'homme qui osera appeler ce mouvement un démembrement, une dissolution de la Patrie?

L'Alsace, parce qu'elle représentait plus de vie, plus de science, plus d'art, plus d'industrie, et j'ajoute, plus d'esprit républicain, plus de libéralisme qu'aucune autre province, l'Alsace était-elle moins française que telle région arriérée du Midi ou de l'Ouest? Avait-elle pour la France moins d'amour que l'Auvergne ou la Vendée?

* * *

Tuer l'idée de Patrie, *démembrer* la Patrie, *briser* son unité, sont des termes que l'on peut considérer comme les pendants de Croquemitaine, Diable et Revenant.

Pour intimider l'enfant et s'en faire obéir, la nourrice évoque ceux-ci. Pour mener les peuples, le grand politique a recours à ceux-là.

Depuis quand l'unité de la Suisse, depuis quand l'énergie de la Patrie suisse est-elle morte des suites de sa formation en 24 cantons souverains?

Quand donc aurons-nous moins d'imagination, moins de passion et plus, beaucoup plus de raison? Qui nous délivrera des métaphores, dirons-nous avec P. L. Courier? Quand cesserons-nous d'être un peuple d'enfants auxquels on fait accroire tout ce qu'on veut? Quand aurons-nous rompu le charme d'une demi-douzaine de mots magiques dont se sert l'ambition pour jeter sur nous des *sorts*, et nous ôter jusqu'à la faculté de penser?

* * *

La province en grandissant en génie et en liberté ne *tuera* point l'unité de la France : elle ne *tuera* que l'esprit de ténèbres et le fantôme du despotisme. C'est Paris qui *tuerait* la province et dans elle la France, s'il continuait à absorber toute la sève de la nation.

C'est la faiblesse de la province qui fait la force de l'envahisseur, et c'est son énergie organisée qui rend un pays invincible

Le danger de la France est dans le développement exclusif

du foyer central. Il faut absolument pratiquer des soupapes de sûreté. Faisons de l'air et encore de l'air; multiplions les centres de vie; qu'au lieu d'un Paris, il y en ait cent; qu'au lieu d'un président, il y en ait mille: le premier sera moins grand et partant moins envié.

Cette expansion des forces populaires, loin de nuire à l'unité nationale, guérira le pays de ses maladies chroniques.

Qu'il y ait place en France non pour une activité de César, mais pour dix mille.

CHAPITRE X

CONCLUSION

Sort déplorable des ministères de la République. -- Instabilité et impuissance. — Un appel au concours loyal de la pédagogie et des municipalités. — Une invincible nécessité. — L'ambition et le militarisme causes premières du mal social. — Les grands politiques aux abois. — Sisyphe et son rocher. — Il faut en finir. — La paix, la justice et la liberté par l'instruction.

A un ministère honnête et de bonne volonté, profondément convaincu de la nécessité d'une réforme dans l'enseignement, enfin et surtout résolu à faire de l'école une institution républicaine, nous offrons non pas une simple et vague conception mais les prémices d'un travail que nous croyons capable de produire quelques bons fruits.

Hélas! nos ministères sont éphémères, éphémères précisément par cela que le pouvoir repose sur des principes et des institutions qui ne sont pas celles d'une République.

Se défendre est la première et presque l'unique affaire d'un ministre. Cette lutte de chaque jour, de chaque heure, non-seulement absorbe son temps, mais doit décourager et user promptement ses énergies.

Dans ces conditions, il nous semble impossible, absolument impossible qu'un ministre conçoive un système de réforme aussi complexe que celui dont il s'agit, et plus impossible encore qu'il le mène à bonne fin. Quel monument peut édifier, en six mois ou un an, un homme auquel les préoccupations et les luttes politiques ne laissent pas cinq minutes par jour pour réfléchir?

* * *

Nous l'avons dit et nous le répétons : si les hommes du métier et les municipalités ne lui viennent en aide, la réforme projetée avortera certainement, ou ne produira qu'un rouage inutile de plus dans la machine sociale, un rouage informe, grossier : une chose inorganique, hétérogène, dangereuse peut-être pour la liberté et la République.

Un grain de sable ne suffit-il pas pour détruire l'organisme le plus robuste ?

C'est à la pédagogie à préparer la semence ; c'est au ministère à ouvrir le premier sillon — le temps dont il dispose ne lui permet guère d'entreprendre davantage — ; c'est aux municipalités secondées par l'école à ensemencer le sol, puis à soigner et surveiller la moisson.

* * *

Que si l'Etat refusait de prendre l'initiative et de coopérer à l'œuvre voulue de tous, ce serait certainement un grand malheur. Mais l'idée est née ; *« elle est dans l'air ; chacun la respire. »* L'effort de l'homme peut faire dévier le cours d'un fleuve : il est impuissant à le faire rentrer dans sa source.

La révolution scolaire qui s'ouvre sur le monde est commandée par une nécessité inéluctable, contre laquelle ne prévaudront ni les forteresses, ni les légions, ni les chaînes du despotisme : une nécessité ayant le caractère d'une irrésistible réaction.

Réaction contre qui ou contre quoi ?

— Evidemment contre les causes apparentes ou cachées du mal violent qui enfièvre la société moderne.

* * *

On voit parfois l'atmosphère obéir à deux courants opposés, l'un emportant les régions supérieures, l'autre entraînant les couches inférieures. Ces jours-là le ciel est en gestation d'une tempête ou d'un orage.

Actuellement la société est en proie à deux courants de cette nature : l'un pousse les peuples vers les abîmes sanglants de la guerre, l'autre vers les régions sereines de la paix.

Nous peuple, ouvriers ou penseurs, nous voulons la paix et le travail dans la liberté!

Vous, despotes ou diplomates, vous ne trouvez d'utile et de grand que les manœuvres des camps et les savants massacres des batailles. Vous employez votre vie à semer ou attiser des haines internationales, à ourdir des intrigues, à machiner la guerre. Votre bonheur n'est jamais si grand, votre santé si florissante, votre gloire si rayonnante, que lorsque vous êtes parvenus à précipiter l'un sur l'autre deux peuples convertis, par vos criminelles excitations, en bêtes féroces.

Cela s'appelle *avoir du génie...*

Et l'on est un *grand homme!..*

* * *

Nous peuple, ouvriers ou penseurs, nous voulons la paix et le travail dans la liberté!

Vous tyrans et diplomates, vous ne rêvez que conquête, annexion, spoliation, écrasement de races, asservissement de tout ce qui n'est pas vous. Que votre nom soit voué au mépris et devienne le symbole de la duplicité et de l'iniquité.

L'être à face humaine qui veut la guerre, qui prépare la guerre, qui l'enferme dans des conventions et alliances secrètes, qui l'insère dans des traités de paix, qui s'en ménage une occasion constante dans le scandale public et permanent d'odieuses oppressions, cet être-là, à nos yeux, n'a pas le goût de la gloire, il a le goût du sang : nous le flétrissons des noms de fléau et de scélérat.

* * *

Nous peuple, ouvriers ou penseurs, nous voulons la paix et le travail dans la liberté!

Jadis un mot avait la vertu de griser, de fanatiser, de barbariser les hommes : le mot « *religion.* » Vous venez de lui substituer un mot nouveau, celui de « *nationalité.* »

Hommes méprisables, car vous ne croyez pas à vos paroles ; insolents contempteurs de notre espèce, veuillez nous dire un crime que ne vous autorise pas à commettre ce grand mot, *nationalité* ?

Nationalité !... « Ce fleuve est à nous, c'est un fleuve *national*, car il reçoit l'eau de nos ruisseaux. »

Nationalité !... « Cette montagne est à nous, c'est une montagne *nationale*, car les arbres qui la couvrent proviennent de la graine de nos arbres. »

Nationalité !... « Cette cathédrale est à nous, c'est un monument *national*, car sa flèche plonge dans l'air que nous respirons, émerge dans le cercle de notre rayon visuel. »

Nationalité !... « Cet homme est à nous, c'est un sujet *national*, car ce que nous appelons *Brod* il l'appelle également *Brod*. Qu'il soit donc avec nous et pour nous, sinon qu'il ait le sort du traître et du renégat. »

Nationalité !... « *Mon ami, pourquoi me tuez-vous?*

— *Eh quoi? n'habitez-vous pas de l'autre côté de la rivière? Si vous étiez né de ce côté-ci, je serais un lâche et un assassin; mais vous êtes né de ce côté-là,* ma nationalité n'est pas la vôtre : *donc je suis un brave et un patriote* digne de la croix pour le mérite. »

* * *

Nationalité !... « Nous avons faim et nous avons froid, » crie sous les fenêtres du maître une foule déguenillée et décharnée.

— « Vous êtes une grande nation, » lui répond le maître : « Vous êtes abrités et augmentés de cinq milliards de casernes et de canons. Vous n'avez pas le droit de vous plaindre. Malheur à l'ingrat qui ne célèbrera pas sa *béatitude* : il sera déclaré traître à sa nationalité et vomi de son sein. »

Une seconde foule, pâle et haletante, succède à la première. « L'or s'échappe de nos mains, » crie-t-elle avec désespoir ; « il sort et ne rentre plus. L'étranger se défie de notre foi et repousse nos produits : la ruine est à nos portes. »

« Nationalité !... » réplique l'homme aux expédients. « Ce mot est le remède à tous les maux sociaux. Mon génie qui connaît les tenants et aboutissants de toutes choses,

. . . . *Novit namque omnia vates*
quæ sint, quæ fuerint, quæ mox ventura trahantur,

mon génie vous dit ceci : la pauvreté a pour origine la richesse et la surabondance. Pendant que nous cultivions les industries de la mort, les industries de la vie ont inondé notre sol de leurs produits. Pour nous enrichir, prohibons ces produits. Guerre au travail étranger ! Nationalité contre nationalité ! La guerre, partout la guerre ! »

« Nous produirons nous-mêmes, et notre or si honnêtement gagné n'osera plus franchir les limites de notre nationalité. Vous paierez dix florins ce qui n'en vaut que cinq, et vous solderez en outre une seconde armée destinée à protéger la frontière contre l'audace des marchandises ennemies. »

« Grâce à ces géniales mesures, l'abondance renaîtra bon gré mal gré dans le pays, et nous couronnerons notre gloire nationale par une richesse nationale aussi. »

* * *

Nationalité !... « Si l'Etat vous soufflette, vous lui direz *merci*; s'il trouve utile de vous fouler aux pieds, vous lui direz : *faites toujours*; s'il juge à propos de vous dépouiller, vous lui direz : *ma vie est encore à votre service.* »

« Celui-là est un mauvais sujet qui ose parler publiquement de liberté. Il outrage indirectement l'ordre établi ; il met en question la haute sagesse du gouvernement ; il attaque son infaillibilité. Qu'il soit muselé, puis appréhendé au corps, puis précipité sous les fondements d'une forteresse ou jeté à la voierie des nations. L'intérêt de la Nationalité le veut ainsi. »

« Sic volo, sic jubeo . . . »

* * *

Nationalité ! . . . mot impie ! mot sacrilége ! Déclaration permanente de guerre ! . . . Nom maudit dont la vertu tient à jamais ouverte la porte du temple de la Guerre, et met en liberté la furie de l'homicide !

Nationalité !... Ce mot coûte à chaque peuple deux millions de bras, cent millions d'engins de mort, un milliard au budget !

Nous peuple, ouvriers ou penseurs nous voulons la paix et le travail dans la liberté!

A nos yeux, *l'homme de génie* est celui qui crée non celui qui détruit ; *le grand homme* est celui qui enrichit les peuples non celui qui les appauvrit ou les dépouille ; *le grand citoyen* est celui qui décuple les libertés non celui qui les confisque.

Homme fameux !... Par la magie de ce mot qui remplit la bouche de tous les tyrans, « *nationalité* », tu as déchaîné sur notre malheureuse Europe toutes les passions et toutes les calamités.

Maintenant, grand homme, moderne Sisyphe, arrête sur la pente l'effrayant rocher que ta main téméraire a si longtemps sollicité et finalement précipité de sa base !...

* * *

L'économie politique déclamera ce qu'elle voudra; mais l'ambition de deux ou trois hommes et le militarisme qui en est la conséquence sont les causes premières du mal social.

Paucis humanum vivit genus.

Aujourd'hui, comme du temps de César, c'est pour quelques hommes que vit le genre humain.

Donc réaction contre ces *sauveurs publics* qui fabriquent des nationalités avec la vie et la liberté d'autrui. Que les peuples apprennent à se sauver eux-mêmes.

Réaction contre le militarisme, ce monstre à gueules innombrables et sans cesse croisssantes qui dévore les peuples et menace toutes les libertés.

Réaction contre ces haines internationales que la perversité des *grands hommes* de notre génération a entassées et établies comme un rempart autour de chaque peuple, en parquant celui-ci dans ce qu'ils appellent *sa nationalité.*

Il n'est pas vrai que l'Europe soit affamée pour avoir trop

travaillé et trop produit. La perturbation actuelle a son origine dans des causes morales bien autrement graves et bien autrement profondes.

* * *

Nous peuple, ouvriers et penseurs, nous voulons la paix et le travail dans la liberté!

Mais qui nous fraiera le chemin vers ces trois biens? Qui nous délivrera de la tyrannie des sauveurs politiques? Qui réconciliera les races abusées? Qui dissipera les haines? Qui confondra les mensonges? Qui déblaiera les ruines physiques et morales amoncelées par les fureurs dynastiques? Qui rendra impossible le despotisme civil et religieux? Qui préparera le règne du Droit et l'avénement d'un Aréopage européen? Qui ouvrira enfin l'ère de la justice?

Il faut en finir: l'ennemi est aux portes, le socialisme fils de la misère. Tous nous voulons travailler et produire. Arrière l'ambition des *hommes nécessaires!* Arrière toutes leurs menaces! Assez et trop longtemps l'Europe a tremblé devant le glaive ensanglanté que le despotisme brandit sur sa tête. Il est de sa dignité d'oser enfin saisir ce glaive impie pour le briser à tout jamais.

Mais qui assumera cette tâche? .. L'Eglise peut-être? Cela serait dans son rôle. Mais elle s'est inféodée à l'absolutisme. Elle a déclaré la guerre au progrès et aux lumières, anathématisé la science! Elle conspire contre la liberté...

Qui donc entreprendra le grand œuvre?... L'Ecole.

* * *

Après le temple, après l'imprimerie, après la vapeur, après l'électricité, après l'industrie, après le canon et contre lui, à la place de la caserne, le temps est venu d'édifier un monument nouveau, l'*Ecole*: non ses murs de pierre et de boue, mais son esprit, sa discipline, ses méthodes, et d'en faire une puissance, une puissance créatrice et réparatrice.

Nous croyons fermement que l'heure de ce grand travail de l'avenir va sonner, et que l'Ecole fera son œuvre malgré les fureurs politiques, malgré les hurlements sinistres de la discorde, de l'ambition et de la guerre.

C'est l'école qui corrigera les iniquités des peuples et des mauvais génies qui les mènent; c'est l'école qui retournera la sauvage maxime :

La force prime le droit !

C'est de ses entrailles que doit sortir la vraie liberté avec la paix, car c'est d'elle seule que peut venir la lumière.

ERRATA

Page III lignes 24 et 25, au lieu de § 3 et § 4, lisez : § 3.
Page 8 ligne 30, au lieu de: linguiste, lisez : linguistique.
Page 10 ligne 20, au lieu de: cette réforme, lisez: cette réforme de l'école.
Page 15 ligne 26, au lieu de: sur une autre chose, lisez: sur autre chose.
Page 32 ligne 13, au lieu de : .....sseur, lisez : possesseur.
Page 51 ligne 25, au lieu de: ta, lisez : la.
Page 54 ligne 10, au lieu de : milles, lisez : mille.
Page 64 ligne 34, au lieu de : neures, lisez : heures.
Page 90 ligne 30, au lieu de: gratuite, lisez : gratuite et obligatoire.
Page 116 ligne 4, au lieu de : la liberté est, lisez : la liberté de l'enseignement est.
Page 122 ligne 20, au lieu de: synonime, lisez : synonyme.
Page 123 ligne 29, au lieu de : synonimes, lisez : synonymes.

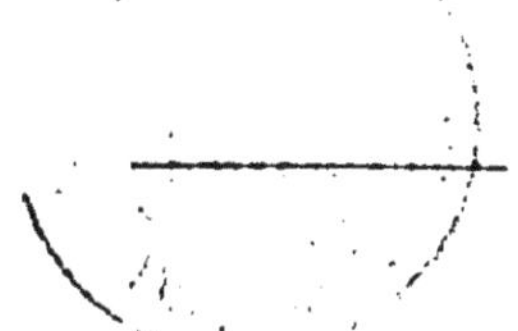

APPENDICE

1. Spécimen d'une leçon d'histoire (extrait de nos leçons). — *Condé et Turenne au faubourg Saint-Antoine* (1652 — *Juillet*). — D'après Voltaire.
2. Sommaire de notre Méthode linguistique.

I. — Les Barricades.

1652 — Juillet.

— Condé était donc réduit à ses propres forces ;	réduit
il se replia sur Paris .	se replia
Turenne l'y poursuivit l'épée dans les reins ,	poursuivit
et l'atteignit au faubourg St. Antoine .	atteignit
Le roi , la cour et Mazarin suivirent l'armée ,	suivirent
et allèrent s'établir sur la hauteur de Charonne . —	s'établir
— Condé se retrancha à la hâte dans le faubourg ,	se retrancha
et plaça ses canons au bord du fossé , entre la ville et	plaça
Le faubourg avait trois rues principales: (St. Antoine,	avait
Condé les ferma par des barricades ,	ferma
hérissa les maisons de mousquets ,	hérissa
et prit lui-même la défense de la rue centrale ;	prit
c'était alors la rue de Charenton.	c'était
Il confia la rue de Charonne, à sa gauche, à Tavannes.	confia
Dans la rue à droite commandait le duc de Nemours.	commandait
Ces dispositions furent prises en un clin d'œil :	furent prises
Condé était partout à la fois. —	était partout
— Turenne visita d'abord les travaux,	visita
mais il n'osa attaquer.	attaquer
Il déclara à Mazarin que le faubourg était imprenable.	déclara
» Coûte que coûte, s'écria Mazarin, il faut le prendre :	faut prendre
» il faut en finir avec cette « canaille ».	faut en finir
» Eh bien, marchons, répondit Turenne,	marchons
et la bataille commença.	commença
Une décharge effroyable partit de l'armée royale,	partit
les mousquets de Condé répondirent,	répondirent
un tourbillon de fumée enveloppa le faubourg,	enveloppa
une lutte sanglante s'engagea autour des barricades. —	s'engagea

. . . . .

II. — Bataille de Saint-Antoine.

1652 -- Juillet.

— Turenne envoie Navailles contre Nemours,	envoie
et lance St. Mégrin contre Tavannes;	lance
lui-même se jette sur Condé.	se jette
St. Mégrin monte à l'assaut de la barricade de Charonne,	monte
la barricade est prise,	est prise
le vainqueur s'avance au milieu des balles vers la porte de la ville	s'avance
et Tavannes recule devant lui.	recule
Mais Condé volait d'une rue à l'autre,	volait
il arrive à temps pour arrêter St. Mégrin.	arrêter
Une horrible mêlée a lieu dans la rue :	a lieu
St. Mégrin tombe criblé de balles,	tombe
et sa division repasse en toute hâte la barricade. —	repasse
— Cependant Nemours avec Beaufort et La Rochefoucault défendaient la rue de Charenton.	défendaient
Navailles parvint aussi à forcer la barricade,	forcer
mais Nemours se rua avec furie sur les troupes royales,	se rua
les repoussa, les culbuta.	repoussa
Navailles ramena les siens au combat	ramena
et refoula l'ennemi vers la porte de la ville.	refoula
Trois fois Nemours fut repoussé,	fut repoussé
trois fois il revint à la charge.	revint
Enfin sous un feu meurtrier il reprit l'avantage,	reprit
et rejeta Navailles de l'autre côté de la barricade. —	rejeta
— Dans le même temps,	dans
Condé et Turenne étaient aux prises dans la rue centrale ;	aux prises
les cadavres s'entassaient autour d'eux :	s'entassaient
Condé foudroyait Turenne ;	foudroyait
il resta invincible sur sa barricade.	resta
Turenne battit en retraite.	battit
La victoire restait à Condé. —	restait

* * * * *

III. — Attitude des partis.

1652 — Juillet.

— Postés sur la hauteur de Charonne,	postés
le roi, la cour, Mazarin avaient assisté à la bataille.	assisté
Les Parisiens couvraient les toits et les remparts	couvraient
d'où ils avaient également suivi la lutte.	avaient suivi
Gaston était resté au Luxembourg.	était resté
La reine en larmes priait aux Carmélites.	priait
Le Parlement était plus indécis que jamais,	était indécis
et attendait l'issue de la bataille pour rendre un arrêt. —	attendait
— Le cardinal de Retz courait par les rues,	courait
haranguant le peuple,	haranguant
lui représentant Condé comme un traître vendu à Mazarin :	représentant
» il combattait la cour pour mieux tromper le peuple,	combattait
» son vrai dessein était de donner Paris à Mazarin.	donner
Le peuple furieux se précipita vers St. Antoine,	se précipita
et ferma la porte à l'armée de Condé. —	ferma
— Cependant Turenne reprenait haleine :	reprenait
La Ferté arrivait à grands pas avec des troupes fraîches ;	arrivait
Condé allait être écrasé contre les remparts de Paris.	être écrasé
La bataille recommença plus acharnée que jamais.	recommença
La Rochefoucault fut blessé d'une balle à l'œil ;	fut blessé
un neveu de Mazarin, Mancini, fut tué ;	fut tué
les gentilshommes tombaient par centaines :	tombaient
leurs corps étaient entassés à la porte St. Antoine,	étaient
et la porte ne s'ouvrait pour personne. —	s'ouvrait
— Mademoiselle, fille de Gaston, affectionnait Condé ;	affectionnait
elle suivait ce drame avec anxiété.	suivait
Soudain elle ne prend conseil que de son courage,	prend
et courant au parlement elle y parle en faveur de Condé	parle
puis haranguant le peuple, détruit les calomnies de Retz,	détruit
proclame Condé véritable et unique défenseur de Paris.	proclame
Enfin elle vole elle-même à la porte St. Antoine,	vole
et la fait ouvrir à l'armée du héros. —	fait ouvrir

* * * * *

IV. — Condé chez Mademoiselle de Montpensier.

1652 — Juillet.

—Le prince de Condé est bientôt informé de la con-	est informé
duite de Mademoiselle ;	
il rentre aussitôt dans Paris,	rentre
et court remercier sa bienfaitrice.	remercier
Il arrive au Luxembourg hors d'haleine,	arrive
s'élance dans la chambre de Mademoiselle :	s'élance
il tenait à la main une épée nue,	tenait
il en avait perdu le fourreau.	avait perdu
Ses cheveux étaient en désordre,	en désordre
sa figure était noire de poussière,	était noire
ses vêtements étaient tachés de sang et de sueur,	tachés
son casque était troué de balles,	était troué
sa cuirasse pendait en loques. —	pendait
— Condé se jeta sur un fauteuil.	se jeta
»Ah! ma bonne, dit-il à la princesse,	dit-il
» vous voyez devant vous un homme désespéré.	vous voyez
» Tous mes amis sont morts ! (est mort!	sont morts
Nemours est mort! La Rochefoucault est mort! Clinchamp	est mort
Et de grosses larmes lui tombaient des yeux,	tombaient
et sa poitrine se soulevait convulsivement.	se soulevait
Mademoiselle avait de meilleures nouvelles des amis de	avait
elle essaya de le consoler. (Condé ;	consoler
Condé serra la main de la princesse en sanglotant:	serra
»Merci, cousine, merci. (dans la ville.	merci
»Une grâce encore : permettez à mon artillerie d'entrer	entrer
Et il s'élança vers la porte pour sortir. —	s'élança
— » Un mot, lui cria Mademoiselle:	cria
»pourquoi n'entreriez-vous pas avec toute votre armée	entreriez
»Jamais, jamais, repartit Condé: (dans Paris?	repartit
»on ne me reprochera pas d'avoir fui devant des Mazarins.	avoir fui
Et il disparut. —	disparut

* * * * *

V. — Mademoiselle et le canon de la Bastille.

1652 — Juillet

— Quelques heures plus tard Condé rentrait au Luxem-	rentrait
et avait une entrevue avec Gaston d'Orléans. (bourg,	avait
Mademoiselle pendant ce temps courait à la Bastille,	courait
et braquait les canons sur St. Antoine.	braquait
Cependant le maréchal de La Ferté venait d'arriver.	arriver
Il avait joint ses troupes à celles de Turenne,	avait joint
et l'armée royale avait pris du repos et de la nourriture.	avait pris
Bientôt les colonnes de Turenne s'ébranlèrent,	s'ébranlèrent
et marchèrent à l'assaut des barricades.	marchèrent
Cette fois, le choc fut irrésistible:	irrésistible
les barricades furent emportées.	emportées
L'armée de Condé n'eut que le temps de se sauver dans	se sauver
Paris et de fermer les portes.	
Turenne se précipita à sa suite. —	se précipita
— Mademoiselle de Montpensier veillait à la Bastille :	veillait
les canonniers étaient à leurs pièces :	étaient
» feu ! cria la princesse.	feu
La forteresse trembla sous le coup de la décharge,	trembla
et la tête de l'armée de Turenne tomba foudroyée.	tomba
La seconde ligne s'avança sur les cadavres ;	s'avança
nouvelle décharge à la Bastille...	décharge
nouveau coup de foudre sur l'armée royale...	coup
Turenne fit sonner la retraite. —	fit sonner
— Cependant la vérité s'était fait jour dans Paris:	s'était fait
Condé redevint l'idole du peuple ;	redevint
la population se porta en masse vers le héros.	se porta
Il fut acclamé et porté en triomphe.	fut acclamé
On maudit Mazarin, le fourbe, le traître,	maudit
On maudit le roi, on maudit sa mère. (mendiants! —	maudit
Les trois erraient maintenant comme des bannis et des	erraient

* * * * *

SOMMAIRE

DE NOTRE MÉTHODE LINGUISTIQUE

I. — Historique et conception du système.

L'auteur aux prises avec la langue Allemande. — Application successive des méthodes et procédés en usage ; leur impuissance.

Nouveau point de départ : étude attentive du développement du langage chez l'enfant de 3 à 7 ans . — Formation de l'individualité par le langage. — Définition précise du travail à accomplir pour acquérir le fonds d'une langue donnée.

II. — Construction du système.

Théorie et organisation des séries vulgaires (langage objectif) . — Théorie et organisation du langage subjectif (locutions ou phrases enclitiques ou modales, phrases relatives) . — Théorie et organisation du langage symbolique ou figuré (les métaphores) .

Méthode pratique et expéditive pour traduire , lire et s'assimiler intuitivement les ouvrages classiques d'une langue (séries littéraires) . — Transcription des auteurs en vue d'une prompte et facile assimilation.

III. — Séries auxiliaires.

Application du système des séries à l'enseignement des sciences. — Séries historiques, séries géographiques, séries scientifiques (physique, histoire naturelle, mathématiques) .

Les sciences utilisées pour l'enseignement des langues. — Les langues par les sciences, les sciences par les langues. — Economie de maîtres et de temps.

IV. — Usage de la méthode. — L'art d'enseigner.

Etude d'un thème et d'une série . — L'exposé du maître et le travail de l'élève . — Assimilation . — Rôle de l'oreille , de l'œil et de la main dans l'étude d'une langue . — Prononciation et méthodes qui la figurent . —

Etude des phrases modales et relatives : conversation ordonnée au moyen de ces phrases.

Etude du langage figuré. — Moyen de le rattacher aux séries.

Etude pratique et intuitive de la grammaire (le verbe, la proposition, la phrase modale). — La grammaire naturelle et la grammaire artificielle. — Esquisse d'une réforme grammaticale.

Enseignement simultané (comme dans la nature) et pourtant distinct de la série, de la phrase relative, de la métaphore et de la grammaire.

Simplification considérable des rouages pédagogiques. — Trois maîtres pour neuf classes (270 élèves). — Aptitude spéciale de la femme pour l'étude et l'enseignement des langues. — Services qu'elle pourrait rendre à l'École. — Notre méthode appliquée par elle. — Question et rôle des surveillants. —

V. — Examen critique du système.

Description du procédé maternel. — Ses rapports avec notre méthode, — Critique des méthodes linguistiques actuelles, classiques et non classiques. — Causes de leur impuissance. — Temps nécessaire pour étudier une langue. — 50 ou 60 séries développées en 4000 thèmes traduisent l'individualité de l'enfant de sept ans : il faut au moins 900 heures (six mois) pour s'en assimiler l'expression complète · c'est-à-dire pour traduire sa propre individualité dans une langue étrangère.

Impossibilité absolue d'apprendre une langue par des lectures solitaires. — Rôle immense dévolu à l'oreille par la nature. — Impuissance de l'œil pour l'étude des langues.

Le Grec et le Latin : valeur de ces deux langues. — Comment on les étudie, comment il faudrait les étudier. — Errements prodigieux du système classique. — La grammaire usuelle et le dictionnaire. — Nos travaux sur les classiques grecs et latins (transcriptions et séries). — Temps nécessaire pour étudier le fonds de chacune de ces langues. —

Importance des dialectes ou idiomes encore existants. — Nécessité de les sauver. — Impuissance des vocabulaires ordinaires. — Propriété de notre méthode pour en saisir et en conserver l'empreinte vivante.

www.ingramcontent.com/pod-product-compliance
Ingram Content Group UK Ltd.
Pitfield, Milton Keynes, MK11 3LW, UK
UKHW021050200726
13857UKWH00003B/875

9 782011 947628